억만금을 줘도 살 수 없는 **40대의 깨달음!**

인생 반전 레시피

억만금을 줘도 살 수 없는 40대의 깨달음!

인생반전 레시피

초판 1쇄 인쇄 | 2023년 8월 5일
초판 1쇄 발행 | 2023년 8월 15일

지은이 | 이성동·김승회
펴낸이 | 김진성
펴낸곳 | 호이테북스

편   집 | 허강, 정서윤, 이경일
디자인 | 이은하
관   리 | 정보해

출판등록 | 2005년 2월 21일 제2016-000006
주   소 | 경기도 수원시 장안구 팔달로237번길 37, 303호(영화동)
대표전화 | 02) 323-4421
팩   스 | 02) 323-7753
홈페이지 | www.heute.co.kr
전자우편 | kjs9653@hotmail.com

값 16,000원
ISBN 978-89-93132-87-8(03320)

억만금을 줘도 살 수 없는 **40대의 깨달음!**

인생 반전 레시피

이성동·김승회 지음

인생의 환승역에 선
그대에게

당신 인생의 골든타임은 언제일까?

강의 중 '내 인생의 골든타임은 언제일까?'라는 질문을 던지곤 한다. 그러면 저마다 다른 답을 한다. 대개는 진로와 직업 선택에 결정적 영향을 주는 일이십대나 자신의 노력이 결실을 맺기 시작하는 30대를 꼽는다. 직장 생활을 하든, 개인 사업을 하든 현재 하고 있는 일에서 최고 수준의 결실을 거두는 시기, 즉 전성기라는 이유로 50대를 꼽는 이들도 꽤있다.

그런데 이들과 달리 답한 사람도 있다. 백 세 시대의 롤 모델이자 103살 현역인 김형석 연세대 명예교수는 이렇게 말했다.

"백 살까지 살아보니 인생에서 가장 좋은 때는 60~75세 시절이더라."

이는 아마도 철학자로서 얻은 학문적 성취감 때문일 것이다.

그와 달리 필자들은 인생의 골든타임으로 40대의 10년을 꼽는다. 그 이유를 꼽으면 다음과 같다.

1. 탁월/평범, 성공/실패, 부와 건강 등의 우열을 가르는 분기점이다.
2. 인생의 환승역에서 새로운 꿈과 목표를 설정해야 하는 시간이다.
3. 스펙을 더 갈고닦거나 새로운 스펙을 쌓아야 하는 시간이다.

지금 40대는 불안이라는 수렁에 빠져 있다

최근 들어 인생의 골든타임기인 40대가 불안하다. 50대나 이공삼공 세대보다 더 불안하다. 저마다 이유가 있겠지만 가장 큰 이유는 경제적 불안정 때문이다. 그 시작은 명퇴라는 괴상한 이름이 붙은 퇴직이다. 퇴직금에 몇 년치 연봉이나 자녀 학자금 등을 얹어주지만, 평생 돈 걱정 없이 살기에는 많이 부족하다.

그들 중 다수는 재취업, 프리랜서 등의 길을 선택한다. 하지만 소득은 대부분 이전의 절반 수준에 머문다. 창업한 이들은 훨씬 더 불안하다. 십중팔구 3년 내에 폐업하는 게 현실이다. 반면에 40대는 육아, 사교육비, 내 집 마련 등 가계 지출이 정점을 향해 가는 시기이다. 그런데 위의 경우처럼 수입은 반토막을 밑도는 이들이 많다.

40대의 이러한 경제적 불안정은 결국 생계 불안, 주거 불안, 노후 불안, 관계 불안 등을 낳는다. 물론 다른 세대들도 불안하기는 마찬가지다. 그러나 불안의 밀도 측면에서 보았을 때 40대에는 절대 미치지 못한다.

직장에 살아남은 이들 역시 불안하기는 매한가지다. 자신의 미래 입지에 대한 불확실성이 높기 때문이다. 겨우 1% 정도만이 직장의 꽃이라는 임원이 되는 게 현실인데다 평직원은 물론, 임원들 역시 정년까지 일하는 게 결코 쉽지 않다.

억 소리 나는 연봉을 받는 1타 강사나 스포츠 스타, 연예인들처럼 비교적 젊은 나이에 삶의 목표를 이룬 사람들도 불확실한 미래 때문에 고민하는 것은 매한가지다. 그들 또한 다음과 같은 질문을 수시로 자신에게 던진다.

'5년, 10년 후에도 지금처럼 잘나갈 수 있을까?'

인생 반전을 가져올 '4개의 나'

그렇다면 불확실한 미래 앞에 선 이들은 어떻게 해야 할까? 무엇보다도 선택을 잘해야 한다. 출발역에서 설정했던 목표역을 향해 환승 없이 계속 갈 것인지, 아니면 기차에서 내려 새로운 목표역으로 가는 기차로 바꿔 탈 것인지부터 잘 선택해야 한다. 중요한 사실은 상위 1% 정도를 제외한 사람들은 자신의 의사와 상관없이 환승역이 나타날 때마다 기차에서 내려 달라는 압력에 끊임없이 시달린다는 것이다. 인생의 골든 타임이라는 40대를 그렇게 사는 게 과연 바람직한 삶이라고 할 수 있을까?

이제부터라도 인생의 골든타임을 살고 있는 당신은 달라져야 한다. 초경쟁 시대에 살아남기 위해서는. 환승역이 나타날 때에도 내리지 말아 달라는 존재가 되려면. 언제 뒤돌아 봐도 후회 없는 삶이었다고 자부할 수 있으려면. 당신이 꼭 갖춰야 할 것이 있다. 다음과 같은 4개의 '인생 반전 레시피'가 바로 그것이다.

1. 후회 없이 사는 나

2. 선택 잘하는 나

3. 어느 한 분야에서 탁월한 나

4. 관계의 밀도가 높은 나

어떻게 하면 후회 없이 살 수 있을까?

40대에 불안이란 인생의 늪에 빠지지 않으려면 무엇을, 어떻게 해야 할까? 하고 싶은 일을 하면서 그저 즐겁고 재미있게 살면 될까? 맞다. 그러나 그에 못잖게 중요한 것이 있다. 후회 없이 살아야 한다는 것이다.

'후회 없이 사는 나 되기'는 쉬울 것 같지만 매우 어려운 레시피다. 그 어려움을 다음과 같이 말하는 이들이 있을 정도다.

"나는 내 삶에 불만이 없다. 그러나 후회는 거의 매일 하는 것 같다."

1장 '후회 없이 사는 나 되기'에서는 40대에 하는 7대 후회가 무엇이고, 어떻게 하면 후회 없이 살 수 있을지를 알아본다.

어떻게 하면 '선택 잘하는 나'가 될 수 있을까?

〈내셔널지오그래픽〉에 따르면, 인간은 하루 150번, 평생 400만 번 정도의 선택을 한다고 한다. '오늘은 어떤 옷을 입을까?', '점심은 어디서, 누구랑, 뭘 먹을까?'와 같이 일상적이고 개인적인 선택도 있고, 정책 결정과 같은 공적 선택도 있다. 중요한 건 어떤 선택은 신의 한 수가 되고, 어떤 선택은 두고두고 후회를 하는 최악의 한 수가 된다는 것이다. 좀 더 행복한 인생으로의 반전을 꾀하는 40대라면 절대 후회하지 않을 멋진 선택을 많이 해야 한다. 모든 길흉화복은 운이 좋고 나쁨에서 오는 게 아니라 선택에서 비롯되기 때문이다.

2장 '선택 잘하는 나 되기'에서는 왜 그렇다는 것인지, 선택을 잘하기 위한 레시피인 '까까의 법칙'과 징후를 읽는 안목, 통찰력을 높일 수 있는 법, 멘토의 지혜 빌리기 등을 소개한다.

어떻게 하면 '한 분야에서 탁월한 나'가 될 수 있을까?

"하버드대 졸업장의 유효 기간은 5년이다"는 말이 있다. 소위 스펙이 아무리 좋아도 자기계발을 게을리하면 더 이상 성장이 어렵다는 뜻이다. 그렇다. 젊은 시절에 배우고 익힌 지식과 경험, 스펙만으로 40대 이후까지 경쟁력을 유지하는 건 이제 사실상 어렵다. 지금의 스펙을 더 갈고닦든지, 인생 후반의 삶을 위해 새로운 스펙을 쌓든지 해야만 하는 게 현실이 되었다.

이제는 어떤 길을 선택하든 잘하는 정도로 만족해서는 안 된다. 인공지능 시대는 탁월한 사람만이 살아남을 수 있는 초경쟁 세상이기 때문이다. 그럼에도 불구하고 좌고우면左顧右眄하며 인생의 골든타임을 허비하는 40대들이 많다. 그 누구든 경쟁 우위의 레시피가 없으면 도태될 수밖에 없다.

그렇다면 일을 잘하는 사람이나 전문가가 되면 만사형통일까? 아니다. 그 정도로 만족해서는 안 된다. 아주 작은 분야에서라도 탁월한 나, 그 어떤 초경쟁에서도 살아남을 수 있는 독보적인 존재가 되어야 한다.

3장 '어느 한 분야에서 탁월한 나 되기'에서는 40대에 왜 그런 내가 돼야 하는지, 왜 탁월함이란 인생 반전 레시피가 40대를 인생의 골든타임으로 만들 수 있는지 알아본다. 또한 40대라면 누구나 들어야 하는 인생 보험은 무엇인지, 동료 가수들은 왜 나훈아를 존경한다는 건지 등도 소개한다.

어떻게 해야 '관계의 밀도가 높은 나'가 될 수 있을까?

궁극적으로 인생에서 가장 중요한 것은 무엇일까? 돈? 성공? 건강? 사랑? 행복? 모두 맞다. 그러나 하버드대의 '인간 성장발달 연구'를 비롯한 많은 연구들이 내린 공통적인 결론은 바로 '인간관계'였다. 왜 그런 결론이 나왔을까? 앞에서 말한 5가지 모두가 인간관계에서 비롯되기 때문이다.

이 말에 어떤 사람은 "건강과 인간관계는 연관이 없지 않나요?"라고 반문할지도 모르겠다. 그러나 미국 건강관리협회가 성인 남녀 8,000여 명을 대상으로 연구한 자료에 따르면, 건강하게 장수하는 사람들의 유일한 공통점이 바로 친구가 많았다는 것이었다고 한다. 인간관계가 좋은 사람이 친구가 많고, 그런 사람들이 건강하게 장수한다고 이 연구 결과가 입증한 것이다.

4장 '관계의 밀도가 높은 나 되기'에서는 관계의 밀도가 도대체 무엇이기에 40대를 인생의 골든타임으로 만드는 레시피가 되는지, 왜 나를 죽여야 관계가 산다는 것인지, 왜 시작은 스펙이지만 그 끝은 처세술이라는 것인지 등에 대해 소개한다. 또한 배우자와 자녀, 상사, 친구, 고객 등 주변 사람들과 관계의 밀도를 어떻게 높일 수 있는지도 함께 소개한다.

40대를 보다 더 행복하게 사는 지혜를 장착하라

현재 상황이 어떻든 당신은 분명히 지금보다 더 행복해지고 싶을 것이다. 그럼 어떻게 하면 될까? 행복의 밀도^{행복의 폭과 깊이를 말함}를 높이면 된다. 이를 실행하면, 다음 2가지를 얻을 수 있다. '4개의 나 되기'가 왜 인생 반전의 깨달음을 주는 레시피인지, 왜 불안한 40대를 좀 더 행복하게 만들어 줄 지혜의 포털이라는 것인지 말이다.

물론, 각 연령대별로도 깨달음은 있다. 하지만 필자들은 그중에서도 40대 때 얻는 깨달음의 가치가 가장 크다고 생각한다. 억만금을 주고도 살 수 없을 정도로 말이다. 그러니 부디 이 책에서 말하는 '4개의 나 되기'라는 인생 반전 레시피를 갈고닦기 바란다. 이를 통해 40대를 당신 인생의 골든타임으로 만든다면 책을 쓴 저자들로서는 더할 나위 없는 큰 기쁨과 행복이 될 것이다.

마지막으로 이 책에는 다양한 사례들이 소개되어 있다. 그러나 개인의 프라이버시를 존중해 가명으로 소개했다. 이 점 부디 넓은 마음으로 이해해 주시기를 바란다.

저자 삼백 이성동, 김승회

CONTENTS

3장 | 어느 한 분야에서 탁월한 나 되기

4장 | 관계의 밀도가 높은 나 되기

1장

후회 없이 사는
나 되기

01

40대를 지나 깨닫게 되는
7대 후회

후회는 병가지상사?

대부분의 사람들은 40대가 지나서야 비로소 깨닫는다. 얼떨결에 불혹이 되었던 그때, 그 시절이 인생의 골든타임이었음을. 부디 당신은 그런 후회를 하지 않길 바란다. 그리고 아울러 지금이 내 인생의 골든타임을 만들 적기라는 것을, 인생 후반 50년을 위한 반전 레시피가 필요하다는 사실을, 지금 시작해도 결코 늦지 않다는 것을 반드시 깨닫기를 빈다.

후회는 대부분 자신의 선택이 기대치에 못 미쳤을 때 한다. '오늘 점심은 정말 잘못 골랐어' 등과 같이 일상의 소소한 후회부터, 배우자 선택등과 같은 일생일대의 후회도 있다. 또한 알래스카 땅을 판 것과 같은 역사적인 후회도 있다.

후회하는 시간도 사안별로 다르다. 10초나 1시간 정도에 그치는 짧은 후회도 있고, 100여 년 넘게 오랜 기간 지속되는 긴 후회도 있다. 전자는 점심, 커피 등과 같이 지출 규모가 크지 않고 빈도는 높은 저관여 상품 구매 시 발생한다. 후자는 배우자나 전공 같은 일생일대의 선택, 또는 지출 규모가 큰 고관여 상품이나 서비스 구매 후에 주로 발생한다.

또한 후회는 기술의 발달, 라이프스타일과 가치관의 변화, 소득 수준에 따라서도 달라진다. 연령대별 특성이나 개인의 성향별로 후회의 밀도_{후회의 양적, 질적 수준}와 기간이 달라지기도 한다.

그런데 슬프게도 40대라면 세월이 흐르고 세상이 변했어도 변함없이, 공통적으로 나타나는 후회가 있다. 다음의 7가지가 그것이다.

1. 좀 더 건강에 신경 쓸 걸
2. 돈 걱정 없이 살 준비를 끝낼 걸
3. 좀 더 열심히 할 걸
4. 행복한 추억을 좀 더 많이 만들 걸
5. 그 때 선택을 좀 더 잘할 걸
6. 좀 더 돕고 나누고 어울리며 살 걸
7. 나한테 좀 더 잘해주며 살 걸

이와 같은 7가지 후회 외에도 40대들이 하는 공통적인 후회들이 있

03

40대는
10명 중 11명이 아프다

'좀 더 건강에 신경 쓸 걸' 관련 후회를 없애줄 레시피

100세 시대라고 한다. 평균 수명도 80세를 넘었다. 그런데 정작 중년, 그것도 40대에 건강을 잃는 이들이 꽤 많다. 개인마다 차이는 있겠지만, 공통적인 이유는 크게 2가지다. 첫 번째는 자신감이 넘쳐 건강에 신경 쓰지 않기 때문이다. 무료 건강검진조차 안 받는 이들이 대표적이다. 두 번째는 몸보다 마음 아픈 사람이 더 많기 때문이다. 직장인 중 칠팔십 퍼센트가 우울증을 앓고 있거나 앓은 적 있다는 연구 결과가 이를 방증한다.

이런 관점에서 40대를 보면, 10명 중 11명이 아프다 해도 결코 틀린 말이 아니다. 가정과 직장, 친구, 다양한 커뮤니티 구성원과의 관계에서 비롯되는 상처가 1인당 한두 개는 될 것이기 때문이다.

　사람은 자신이 맞닥뜨린 고난이나 고통에 3가지로 반응한다고 한다. 스트레스와 상처로 받아들이는 사람, 무관심한 사람, 교훈으로 받아들여 지혜로 승화시키는 사람이 그것이다. 이 중 가장 심각한 유형은 매사를 스트레스와 상처로 받아들이는 사람이다. 그 스트레스와 상처가 마음은 물론 몸 건강마저 해치기 때문이다. 40대 이후 건강을 챙기지 못했다고 후회해봐야 소용없다. 노화가 본격화되는 40대부터는 본격적으로 건강관리 플랜을 세우고 실천해야 한다.

　여기서는 널리 알려진 몸 건강과 관련된 검사, 치료, 운동, 섭생, 수면 등이나 정신과적 질환 등은 다루지 않는다. 다음과 같이 40대를 아프게 하는 대표적인 마음의 병 3가지와 치유법을 다룬다.

> 1. 빈 둥지 증후군
> 2. 삶의 동력 상실 증후군
> 3. 헤드 업 증후군

빈 둥지 증후군

　자신의 헌신과 희생에 대해 가족들의 무관심 등으로 극심한 스트레스를 받는 '빈 둥지 증후군' 여성들이 늘어나고 있다. 주부 김영애(가명, 48

세) 씨도 그런 이들 중 한 명이다.

김 씨는 개인 사업을 하는 남편과 딸(22세), 아들(20세)과 같이 살고 있다. 직장을 다니다가 아이를 낳고부터 전업주부로 지냈다. 남편은 성실한 사람이고, 자식들도 공부를 잘해서 명문 대학에 다니고 있다. 남들이 보면 아무런 걱정 없는 행복한 중산층 가정이다.

김 씨는 가사와 육아, 자녀 교육으로 30대와 40대 초반을 정신없이 보냈다. 학교가 끝나고 나면 아이를 차에 태워 부리나케 이 학원 저 학원으로 이동시키는 식으로 살았다.

하지만 그녀는 요즘 허전함과 상실감에 빠져 지내고 있다.

"남편은 일 때문에 늦게 귀가해요. 애들도 대학 생활하랴, 취업 스펙 쌓으랴 매일 늦게 들어오고요."

결국, 집에는 혼자만 있게 되더라는 하소연이다.

"식사도 혼자서 라면 끓여 먹거나 미역국에 밥 말아 먹는 게 대부분이고, 혼자 TV 보는 날이 많아요. 그럴 때마다 제가 강아지 같다는 생각이 들더라고요. 그냥 강아지가 아니라 빈 둥지를 온종일 혼자서 지키는 강아지요. 친구들 안 만나냐고요? 만나죠. 구청에서 운영하는 수영, 요가 교실 등의 취미, 여가 프로그램에 참여해 봤냐고요? 해봤죠. 그러나 그때뿐이더라고요. 애들 학원 보내고, 저녁도 준비해야 해서 허겁지겁 일어나야 해요. 그렇게 집에 들어오면 다시 무료해지더라고요. 그럴 때마다 '100세 시대라는데, 내 하루하루의 일상은 언제까지 남편과 아이들 뒷바라지만 하며 살아야 하는 걸까?'라는 생각이 자꾸 들어 우울해지곤 해요."

김 씨처럼 낮아진 자존감으로 행복하지 않다고 생각하는 주부들이 생각보다 많다. 내성적이고 비사교적인 40대 주부들 중에 특히 많은 편이다. 이런 주부들은 대부분 다음과 같이 생각한다.

'내 인생인데, 나는 왜 남편과 아이들만 생각하며 살았을까?'

'왜 김영애 대신 정희 엄마로만 살았을까?'

'그때 왜 일을 그만두었을까?'

'왜 나한테는 잘해주지 않았을까?'

안타까운 현실은 그렇게 후회하면서도 잃어버린 나를 찾기 위한 선택을 하는 이들이 많지 않다는 것이다. 이러지도 저러지도 못한 채 현실 순응적인 삶을 살아가는 사람들이 그만큼 많다는 뜻이다.

그러나 김 씨는 최근 인생 반전을 위한 레시피를 선택했다. 그 후부터 하루하루가 즐겁다. 주변 사람들에게도 지금이 인생에서 가장 행복하다고 말한다.

당신도 한 번 생각해 보라. 가장 행복했을 때는 언제, 무엇을 할 때였는지 말이다. 원하는 대학에 합격했을 때, 취업했을 때, 결혼했을 때, 아이를 낳았을 때, 내 집을 마련했을 때 등 다양한 대답이 나올 것이다. 이것들 모두는 대부분의 사람들이 가장 행복했다고 말하는 원천들이기도 하다.

그러나 김 씨는 그것들이 모두 아니라고 말한다. 무엇이 그녀에게 그렇게 말할 수 있도록 만든 것일까? 시를 쓰겠다는 꿈을 가지면서부터다. 그녀는 이렇게 말했다.

"십만 부 이상 팔리는 시집을 출간하겠다는 목표도 세웠어요. 이젠 아침이 기다려져요. 내 꿈을 이루게 하는 시간이라고 생각할 때마다 가슴이 뛰기 때문이죠. 제 인생에서 이렇게 열정적으로 무언가에 몰입했던 적이 없었어요."

주부들만 그런 게 아니다. 모든 사람에게 가장 행복한 인생이란 '내 인생의 주인공으로 나답게 사는 삶'일 것이다. 그런 나로 살려면 무엇을, 어떻게 해야 할까? 먼저 꿈을 갖는 게 필요하다. 어떤 꿈이어야 할까? 생각만 해도 설레고 가슴이 뛰는 꿈이어야 한다.

그런 다음에는 거기에 열정적으로 몰입해야 한다. 이러한 몰입이야말로 마음 건강의 비타민이자, 행복한 일상을 만드는 인생 반전 레시피의 핵심이라고 할 수 있다. 가치를 창출하는 일에 몰입하든, 취미나 여가생활에 몰입하든, 남을 돕는 일에 몰입하든 상관없다. 그 꿈을 찾아 힘차게 달려보라. 빈 둥지 증후군이라는 행복의 걸림돌이 당신 곁에 얼씬도 하지 못할 것이다.

는 것이다. 강의를 하다 보면 이런 하소연을 하는 40대 남성들이 제법 많다. 이들은 어떤 마음의 병을 앓고 있는 것일까? 필자들은 우울증이나 중년의 사춘기와 비슷한 이러한 상태를 '삶의 동력 상실 증후군'이라 부른다.

'삶의 동력 상실 증후군'은 꿈과 희망, 인생의 목표를 어느 정도 이룬 사람들이 많이 겪는 마음의 병을 말한다. 김 씨 같은 40대에 많은 편이지만, 꿈을 빨리 이룬 이삼십대나 50대 이후의 시니어 세대에게도 자주 나타난다. 또한 자신의 꿈과 목표를 이루지 못하고 좌절한 이들에게도 나타나곤 한다.

그럼 이 증후군은 어떻게 치유할 수 있을까? 다음과 같이 3가지 레시피가 있다.

첫째, 꿈 너머 꿈, 즉 제2의 꿈을 가져야 한다. 김 씨를 예로 들어 보자. 그는 이제 인생 전반기가 끝나가고 있다. 생각만 해도 가슴 뛰는 인생 후반기의 꿈과 목표를 갖는 게 좋다.

둘째, 하고 싶은 일을 원 없이 하면서도 후회 없이 살 나만의 인생 반전 레시피를 만드는 것이다. 가령, '부부가 크루즈를 타고 세계 일주 여행'과 같은 꿈을 갖는 것이다. 그 꿈을 이루기 위해 매달 10만 원씩 20년 동안 불입하는 복리식 적금 상품에 가입하는 건 어떨까? 이러한 생각과 행동은 방전된 삶을 빠르게 충전시켜 준다. 우물쭈물 머뭇거릴 시간이 없다.

셋째, '몰입'하는 것이다. 이는 나이와 상관없이 일이든, 취미든, 여가 생활이든 싫증나지 않을 무언가를 하라는 뜻이다. 그러면 공허함, 무력

중, 인생무상과 같은 잡초가 생길 틈이 없을 것이다.

이 세상에서 가장 아름다운 시간은 사랑하는 시간이고, 가장 겸손한 시간은 자기 분수를 알고 처신하는 시간이라고 한다. 그렇다면 가장 행복한 시간은 언제일까? 행복한 추억을 만들 때다. 그렇다면 가장 기다려지는 시간은 언제일까? 무언가를 하든 설렘에 가슴 뛰는 시간이다.

헤드 업 증후군

얼마 전, 자주 만나는 필자의 친구가 이런 말을 했다.

"승회야, 좀 쑥스런 얘기지만 나이 예순이 넘어서야 깨달음을 얻었다. 세상만사 몰라서 못하는 것은 없더라. 다 아는데 단지 실행을 하지 않아서 못하고, 안 되는 것일 뿐이더라."

맞는 말이다. 물론 그들도 문제다. 하지만 다음과 같은 이들이 더 문제다. "죽어라 열심히 실행했는데도 원하는 것을 이루지 못했다"는 사람들 말이다. 그들은 왜 원하는 것을 이루지 못하는 것일까? 왜 후회하는 삶을 살고 있는 것일까? 다음과 같은 3가지 이유가 있다.

1. 인생의 방향과 진로 선택의 잘못
2. 타고난 재능의 차이
3. 노력의 밀도 차이

야구 선수를 예로 들어 보자. 잘 치는 타자가 되려면 투수가 던진 공을 끝까지 보면서 배트를 휘둘러야 한다. 그런데 어떤 타자는 공을 끝까지 보는 대신 머리가 먼저 돌아가 버린다. 헤드 업 상태가 되는 것이다. 이런 선수는 투수의 공을 정확히 맞추기 어렵다.

헤드 업 현상은 야구뿐 아니라 골프, 당구, 탁구, 배드민턴 등 거의 모든 스포츠 종목에서 공통적으로 볼 수 있다. 문제는 헤드 업 현상이 스포츠뿐 아니라 인간 삶의 모든 영역에서 나타난다는 것이다. 이런 관점에서 '헤드 업 증후군'을 정의하면 다음과 같다.

'인간 삶의 영역 중에서 좋지 않은 결과를 도출하는 반복적인 나쁜 습관.'

이를 더 압축하면, '반복적인 나쁜 습관'이 된다. 중요한 건 '헤드 업 증후군'이 쉽게 고쳐지지 않는다는 것이다. 가령, "직장인 스트레스의 99%는 상사 탓이다"라는 말에 공감하는 이들이 많을 것이다. 이런 사실을 상사들이라고 모르고 있을까? 모두 알고 있다. 실제로 그들 중 일부는 출근할 때마다 '오늘은 목소리 높이지 말아야지'라고 다짐한다. 그러나 출근하고 나면 언제 그랬냐는 듯이 부하 직원들에게 목소리를 높인다.

그럼 '헤드 업 증후군'을 고치려면 어떻게 해야 할까? 몸으로 체득해 자동으로 반응할 때까지 노력을 해야 한다. 축구 선수의 경우를 예로 들어 보자. 저마다 타고난 재능이 다르기에 일정 수준에 도달하는 시간과 노력도 다를 수밖에 없다. 어떤 선수는 하루 500회 정도의 슈팅 연습만으로도 손흥민처럼 월드 클래스가 될 수 있다. 반면에 어떤 선수는 하루

1,000회가 넘는 슈팅 연습을 해야 하는 경우도 있다. 그래야 반복되는 나쁜 습관, 즉 '헤드 업 증후군'을 고칠 수 있다.

그렇다면 언제까지 해야 할까? 자기 몸이 저절로 반응할 수 있을 때까지 해야 한다. 그러면 어떤 분야에서든 헤드 업을 고칠 수 있다. 인간 행동의 40%는 뇌의 명령이 아니라 반복된 습관의 산물이라고 하지 않던가.

누구나 인생에 세 번의 큰 기회가 온다고 한다. 그중 한두 번의 기회가 40대에 올 가능성이 높다. 그러나 앞에서 언급한 마음의 병 3가지를 고치지 못한다면 그 기회를 잡기 어렵다. 마음의 병을 앓으면 세상만사가 비관적이고 부정적으로 보이기 때문이다.

40대가 많이 겪는 마음의 병 3가지는 유형별, 개인별로 치유법이 다르다. 그러나 공통적인 치유법도 있다. 어떤 상황에서든 긍정적·낙관적으로 받아들이고, 인생 반전을 위한 나만의 레시피가 있어야 한다는 것이다.

04

돈 걱정 없이 살 준비,
이렇게 끝낸다

누구나 꿈꾸는 '돈 걱정 없이 사는 삶'

평생 돈 걱정 없이 사는 삶! 많은 사람들이 희망할 것이다. 그러나 그 꿈을 이루는 사람은 그리 많지 않다. 특히 40대에 이루는 사람은 극소수다. 그 꿈을 이루지 못하는 이유는 사람마다 제각각이다. 하지만 다음과 같이 근본적이고, 공통적인 이유도 있다.

> 1. 꿈꾸지 않는 것
>
> 2. 실행하지 않는 것
>
> 3. 잘못된 방향으로 가는 것
>
> 4. 반복적인 나쁜 습관

이러한 이유에 40대들의 반응은 4가지로 나뉜다. 공감하는 사람, 공감하지만 어렵다는 사람, 지금의 연봉 수준으로는 절대 불가능하다는 사람, 정년퇴직 후 연금을 받으면 된다는 사람 등이다.

네 번째 유형은 그리 문제될 게 없다. 문제는 첫 번째부터 세 번째까지 유형이다. 이들은 40대가 평생 돈 걱정 없이 살 기반을 구축할 절호의 시기라는 것부터 깨달아야 한다. 깨닫지 못한다면 노년을 후회하며 살아갈 가능성이 높다.

당신은 더 이상 이런 후회를 해서는 안 된다. 40대에 평생 돈 걱정 없이 살 준비를 끝내야 한다. 결코 불가능한 일이 아니다. 그럼 어떻게 하면 될까? 평생 경제적 자유를 누릴 수 있는 다음 4가지 레시피를 실천하면 된다.

1. 더 많이 벌기
2. 더 아껴 쓰기
3. 더 잘 불리기
4. 연금 더 많이 넣기

이에 대해서는 누구나 알고 있을 것이다. 그러나 제대로 실행하기는 매우 어렵다. 이제부터 왜 그런 건지, 어떻게 잘 실행할 건지 알아보자.

닥치고 더 많이 벌어야 한다

"닥치고 더 많이 벌라고요? 말이야 쉽죠. 그게 그렇게 쉬운 일이라면 40대 대부분이 돈 걱정 없이 살 거예요. 하지만 현실을 보세요. 전혀 아니잖아요."

이렇게 반론을 제기하는 이들이 있다. 이런 사람들은 평생 돈 걱정하며 살아야 할 것이다. 좌고우면하는 과정이야 필요하겠지만, 그런 부정적인 생각이 결국 아무것도 하지 못하도록 만들기 때문이다. 40대가 닥치고 돈을 더 많이 버는 길은 3가지가 있다.

첫째, 현재 하고 있는 일로든, 새로운 일로든 그 분야에서 탁월한 존재가 되는 것이다. 그런 존재가 되면 승진이나 전직, 창업을 통해 현재의 연봉이나 소득보다 더 많이 벌 수 있다. 이는 '3장, 어느 한 분야에서 탁월한 나 되기'를 참조하기 바란다.

둘째, 투잡이나 쓰리잡 등 멀티잡을 하는 것이다. 이는 탁월한 존재가되는 게 어려운 이들을 위한 대안이다. 실제로 그런 40대 부부가 제법 있다. 맞벌이를 하는 김태운(가명 43세), 박은영(가명, 41세) 씨 부부가 대표적이다. 두 사람은 주말에 유명 택배업체 C사의 일을 한다.

또 다른 40대 부부도 있다. 유명 금융사 N사 차장인 박철영(가명, 42세) 씨 부부다. 박 씨는 주말이면 화물 배달원으로 변신한다. 화물차를 사서 화물배송 업체로부터 오더를 받아 전국 각지로 화물을 실어 나른다. 아내 조희영(가명, 41세) 씨도 주중엔 콜센터 상담원, 주말엔 편의점 알바로 변신한다. 심지어는 퇴근 후 대리운전, 주말에는 편의점 알바와 커피숍 알바 등을 하는 부부도 있다.

셋째, 투자 수익을 올리는 것이다. 이 방법은 뒤에서 다시 자세히 다룰 것이다.

그렇다면 얼마가 있어야 평생 돈 걱정 없이 살 준비를 끝냈다고 말할 수 있을까? 먼저, 두 부부가 죽을 때까지 살 집이 있어야 할 것이다. 그 다음에는 저마다 다르겠지만, 최소한 부부 합산 월평균 소득이 3백~4백만 원 정도는 확보되어야 할 것이다. 일을 하지 않더라도 받을 수 있는 연금, 임대 소득, 이자 및 금융 소득, 사업 소득, 기타 소득 등을 통해서.

저축과 투자와 소비의 황금률, 70/30 법칙

평생 돈 걱정 없이 살려면 번 돈의 몇 %를 저축+투자하고, 소비하는 게 좋을까? 누구나 한 번쯤 생각해본 적 있을 것이다. 그 황금률로 필자들은 70/30 법칙을 제시한다. 이 법칙은 번 돈의 70%는 안전자산에 저축하거나 투자하고, 30% 이내의 돈을 쓰는 저축과 소비의 황금률을 말한다.

"월 소득이 2백만 원인데 방세만 50만 원이다. 30%만 쓰라니 현실을 모르는 이론적인 법칙일 뿐이다"라고 생각하는 사람도 있을 것이다. 하지만 그런 생각을 바꾸지 않으면 평생 돈에 쪼들려 살 수밖에 없다. 이런 경우, 소득의 30% 이내만 쓰면서 살 수 있는 방법은 2가지다. 하나는 방세를 절반 수준 이하로 낮추는 것이다. 가령, 방 하나를 둘이 나눠 쓰거나 부모, 형제, 친구 집으로 들어가는 방법 등이 있다. 다른 하나는 앞서 언급한 것처럼 소득을 늘리는 것이다.

"부부 합산 월평균 소득이 6백만 원 정도다. 아이들이 어렸을 땐 베이비시터에게만 월 200만 원이 나갔다. 아이들이 크니까 이번에는 학원비가 50%를 넘더라"라고 말하는 사람도 있을 것이다. 그런 이들은 다음 말을 곱씹어 보시기 바란다.

"그렇게 큰 비용을 들여서 베이비시터를 꼭 써야 하는가?"

"상위 20%에 못 드는 자녀는 학원 보내지 마라. 학원 먹여 살리는 앵벌이 노릇만 하게 된다."

물론 70/30 법칙에 따라 돈 쓰기가 비교적 쉬운 사람과 어려운 사람이 있다. 그러나 어렵다는 사람들이 꼽는 이유들은 대개 핑계에 지나지 않는다.

이런 방법에 대해 "내일 행복해지자고 오늘을 희생하며 살고 싶지는 않다"고 반박하는 이들도 있을 것이다. 맞는 말이다. 그러나 그들의 문제는 오늘은 행복할지 모르지만 내일은 그렇지 못할 확률이 높다는 것이다.

이번에는 저축과 투자의 황금률에 대해 생각해 보자. 50/50이 적당할까? 이 또한 사람의 성향이나 연령대에 따라 달라져야 할 것이다. 50대 이상 세대로 갈수록 저축과 같은 안전자산의 비중이 높다. 반면에 이삼십대는 투자자산의 비율이 높다. 심지어는 '영끌족'처럼 투자자산의 비율이 100% 이상인 이들도 제법 있다.

사실 저축과 투자의 황금률이란 없다. 개인별로 다르겠지만, 가이드라인을 제시한다면 30/70에서 50/50선이 좋지 않을까 싶다. 단, 어떤 투자를 하든지 간에 투자 원금이 절대 보장되는 상품에 투자해야 한다.

소득의 10%만 쓰며 치열하게 사는 사람들

주변을 둘러보면 소비를 하는 데 정말 치열한 사람들이 많다. 탤런트 전원주 씨처럼 소득의 30%가 아니라 10% 정도만 쓰며 살아가는 사람들이 대표적이다. 전 씨는 월 소득이 높은 탤런트니까 가능하지 않느냐고 생각하겠지만 결코 그렇지 않다. 무명 탤런트 시절 그녀는 버는 게 많지 않았다.

전 씨만 그런 게 아니다. 심지어는 번 돈의 10% 이내로 소비를 줄이기 위해 일터에서 숙식을 해결하는 사람들도 있다. 결국은 의지와 선택의 문제인 것이다. 어쨌든 40대에 평생 돈 걱정 없이 살 준비를 끝내려면 '닥치고 더 많이 벌기'의 2가지 대안 중 하나를 선택해 월 소득을 늘려야 한다.

을 투자해 70억을 벌었다는 J모 씨 등이 그들이다. 그들의 공통점은 모든 사람이 공포심을 느낄 때 투자했다는 것이다. 그렇다면 팔아야 할 타이밍은 언제일까? 모든 사람이 장밋빛 전망을 할 때다.

그렇다면 이렇게 간단한 투자 원칙을 사람들은 왜 잘 지키지 못하는 것일까? 보통 사람들은 왜 사고파는 것을 잘 못하는 것일까?

사고팔 때 선택을 잘 못하는 이유

사실 사람들이 타이밍 선택을 잘하지 못하는 데에는 여러 가지 이유가 있다. 필자들은 다음과 같은 3가지를 핵심적인 이유라고 생각한다. 많은 사람이 가는 길이 안전하다고 믿는 심리, 위기와 기회의 징후를 읽는 안목이 없고, 미래를 읽는 통찰력도 없다는 것이다.

공포심의 징후를 읽고 주식 투자를 해야 할지, 말아야 할지를 한 번 생각해 보자. 1998년 외환 위기나 2008년 글로벌 금융 위기가 터지기 전후의 공통적인 징후들은 다음과 같았다. 먼저, 1차 폭락기의 징후들이다.

·지상파 TV 방송 3社 저녁 메인 뉴스 첫머리에 '주가 폭락' 보도

·다음 날 주요 신문 1면에 '주가 급락' 대서특필

·유선 방송, 인터넷 포털들도 '주가 폭락' 관련 뉴스를 메인 뉴스로

이 정도면 사람들이 공포심을 느낄까? 모든 이들은 아니라고 답한다. 대부분 그날 이후, 5일 연속 폭락하거나 2~3주 연속 하락하지는 않기 때문이다. 하루 이틀 하락하면, 등락을 거듭하다 2차 폭락기가 온다. 이때도 대부분의 투자자들은 공포심을 느끼지 않는 편이다. '불안하지만 이제 더 이상 하락하지는 않겠지'라고 스스로를 안심시키기 때문이다. 그러나 그 이후, 야속하게도 3차 폭락기가 온다. 이때 언론을 장식하는 단어는 다음과 같은 것들이다.

· 주가 대폭락, 사상 최대 낙폭 기록 갱신
· 금융시장 붕괴 우려
· 금융시장 사실상 마비
· 투자자들 패닉, 너도 나도 투매, 푹푹 한숨만
· 외국인 매도 지속
· 국민연금 주식 매수 시작

그 외에도 공포심을 가질 만한 온갖 비관적이고 자극적인 단어들이 언론을 비롯해 개인 유튜브 방송 등에서 핫 이슈로 다루어진다.

재앙 뒤에는 반드시 기회가 온다

이런 말들이 난무하고 난 대폭락 직후에는 여유 자금의 1/3 정도를 주식에 투자하는 것도 방법이다. 이때 투자금을 3회로 나눠 투자 타이밍을 분산시키는 것도 매우 중요하다. 어떤 주식에 투자할 것인지 등은 전문 영역이므로 여기서는 다루지 않겠다. 단, 사전에 목표 수익률을 정해 놓고, 그 선을 넘으면 미련 없이 팔아야 한다는 조언만은 꼭 드리고 싶다.

이와 같은 투자의 시時테크를 나만의 투자 레시피로 만들어야 한다. 투자액이 5백만 원이든 3천만 원이든, 당신의 통장을 돈으로 가득 채우는 데 큰 도움이 될 것이다.

문제는 공포심을 느낄 만한 재앙적 징후들 대신 온갖 낙관적인 전망들이 넘쳐날 때다. 물론 이 시기에도 한편에서는 주식시장 과열에 대한 경고 메시지들이 나온다. 그러나 낙관적인 메시지들에 묻혀 버린다. 이런 불확실한 상황이 되면 주식 투자는 잊고, 채권 등 안전자산에 투자하거나 예금 등 즉시 현금으로 인출이 가능한 상품에 가입해 두는 게 좋다. 언제까지? 모든 사람이 공포심을 느껴 앞다투어 투매할 때까지. 모쪼록 후회 없는 투자자의 삶을 꼭 이루시기 바란다.

사실, 돈 더 많이 벌기와 더 아껴 쓰기는 멘탈의 문제다. 그러나 더 잘 불리기는 멘탈+실력의 문제다. 그렇다면 더 잘 불리기 위해서는 어떤 멘탈을 갖춰야 할까? '재앙 뒤에는 반드시 기회가 온다'라는 신념을 가져야 한다. 그렇다면 더 잘 불리기 위해서는 어떤 실력을 갖춰야 할까? 사고팔 때를 잘 선택할 수 있는 다음과 같은 2가지 나만의 투자 레시피를 갖춰야 한다.

첫 번째는 금융시장과 투자자를 패닉 상태로 만드는 대재앙적 폭락의 징후를 읽는 안목을 가지는 것이고, 두 번째는 미래를 읽는 통찰력을 가지는 것이다. 이는 2장을 참조하기 바란다. 아파트, 오피스텔, 건물과 같은 부동산 투자나 금과 같은 실물 투자도 마찬가지다. 주식 투자처럼 나만의 투자 레시피를 만들어 투자하면 성공 확률을 높일 수 있을 것이다.

가장 확실한 투자, 연금 더 많이 넣기

40대 이후, 50여 년을 돈 걱정 없이 사는 길은 많다. 칠팔십대까지 일하며 사는 길, 40대 10년 동안 더 많이 벌고, 더 아껴 쓰고, 더 잘 불리는 길은 물론 근로 소득 외에 부동산 임대 소득, 금융 소득을 받는 길, 고소득 농부나 자영업자가 되는 길, 고액 연금 수급자가 되는 길 등 다양하다.

이 중에서 칠팔십대까지 일하며 사는 길, 고액 연금 수급자 되는 길 외에는 부침이 있다는 게 문제다. 칠팔십대까지 일하며 사는 길에 관해서는 3장에서 자세히 다룰 것이다.

2020년 초부터 3년여 동안 전 세계를 강타한 코로나19 팬데믹을 계기로 우리 국민들은 다음과 같은 2가지 자부심을 갖게 됐다.

"코로나 사태에 대응하는 역량을 보니 우리나라가 선진국이더라."

"격리된 감염자들에게 삼시 세끼 고급 도시락을 주고 컵라면 같은 간

식도 주더라. 세면도구와 침구류도 완전 신품으로 제공하더라. 물론, 완전 국비 부담으로. 더 놀라운 사실은 완전 새 것인 이불, 베개 등 침구류를 살균 세척 후 재사용할 줄 알았는데, 불에 태워 소각하더라. 그때, 우리나라가 꽤 잘사는 나라구나라는 생각이 들었다."

그렇다면 우리 국민들은 어떨까? 잘 사는 국민일까? 아니다. OECD 회원국 중 노인 빈곤율과 노인 자살률이 몇 년째 1위 자리를 내주지 않는 걸 보면 알 수 있다. 정의가 사람마다 조금씩 다르겠지만, 필자들은 '잘사는 국민'이란 노후까지 건강하고 부족하지 않은 상태로 행복하게 사는 것이라고 생각한다.

이런 국민이 다수가 되기 위해 필요한 게 바로 국가의 의료와 복지 시스템이다. 건강보험이 큰 비중을 차지하는 의료 시스템은 비교적 잘 작동되고 있다. 문제는 복지 시스템, 그중에서도 연금제도다. 공무원이 수급자인 공무원 연금제도는 국가가 부담하는 비용 문제와 관련된 논쟁을 제외하면 좋은 정책이다. 공무원 직종과 근무 기간, 연금 불입액에 따라 달라지지만, 30년 정도 불입하면 월평균 2~3백만 원 내외의 연금을 죽을 때까지 받을 수 있고, 연금 수급자 사망 시 배우자에게 마지막 수급 연금액의 60%를 지급하기 때문이다.

정작 문제가 되는 것은 국민연금이다. 연금의 주요 기능인 퇴직 후 생계 보장에 큰 도움이 되지 못하기 때문이다. 2022년 11월 기준, 국민연금 20년 이상 가입자의 월평균 수급액은 98만 원 수준에 불과하다. 공무원연금 대비 30~50% 수준을 넘지 못한다. 여기에는 2가지 이유가 있다.

하나는 불입율의 차이다. 공무원연금의 불입율은 수급자 불입 7.5%+국가 지원 7.5%로 수급자 소득의 15%다. 반면, 국민연금의 불입율은 수급자 불입율 4.5%+사업주 지원 4.5%로 수급자 소득의 9%에 불과하다.

다른 하나는 불입 기간의 차이다. 공무원연금 가입자는 20대 중후반부터 30여 년을 불입한다. 반면, 국민연금 가입자의 평균 불입 기간은 20년을 넘지 못한다. 잦은 전직, 정년 전 명예퇴직으로 인한 조기 퇴직 문화, 잦은 자영업자들의 휴폐업에 영향을 받기 때문이다.

이와 같은 국민연금 제도의 개혁 없이는 노인 빈곤의 퇴치도 복지국가의 실현도 사실상 어렵다. 그러나 40대인 당신이 후회 없는 노후를 만드는 길은 많다. 그중 하나가 '연금 더 넣기'다. 수급자 부담으로 국민연금 불입액을 늘리거나 수급 시기를 늦추는 방법으로 연금 수급액을 늘릴 수가 있다. 은행, 증권, 보험 등 금융사의 연금 상품에 가입하는 것도 방법이다.

돈이 여유가 없다고 말하는 것은 사실 핑계일 뿐이다. 더 많이 벌기, 더 아껴 쓰기, 더 잘 불리기를 실천하면 월 100만 원 내외의 연금 추가 납입이 충분히 가능하다. 줄여야 할 1순위는 상위 20% 이내에 들지 못하는 자녀 교육비다. 그런 자녀에게 과도한 학원비 지출은 낭비일 가능성이 높다. 공부 대신 차라리 자녀의 재능을 키워주는 데 올인하는 게 훨씬 낫다.

차이가 왜 행복의 걸림돌로 작용하는지 생각해 보자.

많은 이들이 긍정적이고 낙관적인 사람이 그렇지 않은 사람에 비해 행복의 밀도가 높다고 말한다. 리처드 와이즈만도 그중 한 명이다. 그는 《우리는 달에 가기로 했다》라는 책에서 "낙관적인 사람이 더 건강하고 더 행복하다"고 말했다.

매일 알바를 하며 학자금 대출을 받아 등록금을 내는 딸을 둔 부부의 예를 들어 보자. 남편은 매사 낙관적이고 현실적인 데 반해 아내는 비판적이고 이상적이다. 물론, 남편의 행복 밀도가 훨씬 높다. '우리 형편이 이러니 어쩔 수 없지 않느냐, 이삼 년 정도 지나 취업을 하면 다 해결된다'고 생각하기 때문이다. 그러나 아내는 다르다. 고생하는 딸을 도와주지 못하는 현실 때문에 볼 때마다 마음이 짠할 수밖에 없다.

이런 상태가 유지된다면 큰 문제는 없다. 그런데 대부분의 경우, 아내가 남편의 심기를 건드리는 말과 행동을 한다. 이게 불씨가 돼 불화로 번져 행복의 걸림돌로 작용한다.

이번에는 이기심이 2% 더 행복해지는 데 왜 걸림돌로 작용하는지 생각해 보자. 자기 스스로 이타적이라 말하는 사람들을 주변에서 볼 수 있다. 그러나 그들도 결국은 이기적인 생각과 행동을 한다. 그래서 필자들은 "스스로 이기적이지 않다고 말하는 사람이 가장 이기적이다"라는 말을 자주 한다.

이기적 성향이 강한 사람들의 행복관은 이율배반적이다. 타인의 행복은 객관적이고 상대적 관점에서 판단한다. 그러나 자신의 행복은 지

라. 리필이든, 재활용이든 지금 행복할 추억을 만드는 것보다 더 행복해지는 방법이 있을까? 필자들은 단연코 없다고 단언한다.

마지막 항목인 행복을 주는 사람 되기에 대해 생각해 보자. 행복을 전하는 멘토들은 나 자신보다 남을 행복하게 할 때가 더 행복하다고 말한다. 그들이 주는 것은 다양하다. 돈과 같은 물질적 도움과 나눔은 물론, 어려운 문제를 해결해주는 것, 고민이나 스트레스를 이겨내도록 만드는 정신적 도움도 여기에 해당된다.

이러한 도움과 나눔은 주는 사람을 흐뭇하고 뿌듯하게 만들 뿐만 아니라 보람을 느끼게 한다. 그에 관한 자세한 내용은 4장을 참조하기 바란다.

지금보다 2% 더 행복해지려면 다음 2가지를 알아야 한다. 하나는 지금까지 다룬 행복 레시피의 원천 5가지 외에도 사람마다 자신만의 또 다른 원천이 존재한다는 것이다. 취향이 다르고, 행복관 역시 백인백색으로 주관적이기 때문이다. 다른 하나는 5가지 모두를 갖춰야만 행복해지는 게 아니라는 것이다. 하나든, 둘이든 나만의 행복 레시피에 만족하면 대부분의 사람은 행복하다고 느낀다.

07

은경아, 정말 미안해

미안하다고 말해주고 싶은 딱 한 사람

인생이라는 마라톤을 달리다 보면 즐겁고 행복한 일들만 있는 게 아니다. 시련과 좌절, 갈등과 상처, 후회와 같은 나쁜 일들도 만나게 된다. 이런 관점에서 보면 인생은 사는 게 아니라 살아내는 것이 아닌가 싶다. 이러한 삶은 대부분 자신의 헌신과 희생을 존중받지 못하는 데서 오는 후회와 관계가 깊다. 전업 맘인 임은경(가명, 48세) 씨처럼.

욕설과 폭력이 동반된 지긋지긋한 부부 싸움의 원인은 100% 남편의 음주와 폭력 때문이었다. 20대 중반에 결혼해 23년을 그렇게 상처 받으며 살았다. 이혼을 수천 번도 더 생각했지만,

딸과 아들을 위해 참았다. 아빠 없는 자식이란 소리를 듣지 않게 하려고. 아이들이 상처 입고 반항하며 삐뚤어질까 봐. 결혼 전에 "부모가 이혼하셨더구나!"라는 말로 상처 입을까 봐.

내가 생각해도 그런 내가 너무 불쌍하다. 나를 때리는 짐승 같은 남편을 대할 때마다 죽이고 싶을 정도로 미웠다. 내 인생은 남편과 결혼하면서부터 꼬여 버렸다. 내 인생 최악의 선택에 수십만 번쯤 후회했을 것이다. 하지만 이미 엎질러진 물이었다.

보다 못한 딸이 수시로 말했다.

"엄마가 여리고 유독 모성애가 강해서 그런다는 거 다 이해해요. 그렇다고 엄마 세대 대부분이 다 그런 건 아니잖아요. 이젠 저희도 다 컸어요. 엄마, 아빠가 이혼하셔도 상처 받지 않을 거예요. 난 절대로 그렇게 살지 않을 거고요. 단 하루를 살더라도 마음 편하게 내 인생을 살 거예요."

아들 역시 딸과 비슷한 말을 했다. 그런 딸과 아들을 대할 때마다 미안하다는 말 대신 고맙다는 말을 했다. 이젠 딸과 아들은 물론, 그 누구에게도 미안하다고 말하지 않는다. 딱 한 사람한테만 한다. 내가 그동안 미안했다고 말해주고 싶었지만 못한 사람이다. 그 사람이 누구냐고? 바로 나다. 최근 들어 나는 나에게 이렇게 사과와 감사의 말을 건넨다.

"은경아, 미안해. 조금만 더 기다려. 딸과 아들 결혼시키고 나면 내가 원하는 삶을 후회 없이 살 거야. 반드시 이혼하고서

즐기며 살겠다는 계획을 세운다. 그러나 '이제는 행복해지겠구나!'라고 생각하는 그들에게 예상치 못한 다음과 같은 3가지 암초가 나타난다.

1. 관계에서 지속되는 갈등과 스트레스

2. 계속되는 무관심, 당연지심, 무시, 회피

3. 지루함과 무료함, 공허함과 허무감

이와 같이 3가지 암초를 피해야 나에게 좀 더 잘해주며 후회 없는 삶을 살 수가 있다. 그럼 어떻게 해야 이런 암초를 피할 수 있을까? 첫 번째와 두 번째 암초 피하는 법은 안 부장과 임 씨의 사례와 연계해 생각해보자.

안 부장과 같은 40대 가장들이 많은 이유는 무엇 때문일까? 무엇보다 자신의 본분을 착각하고 있기 때문이다. 안 부장과 같은 가치관을 가진 사람들은 가장으로서 돈만 잘 벌어다 주면 자신의 본분을 다 했다고 생각한다. 그러나 이는 엄청난 착각이다. 가부장적 가치관이 주류를 이루던 시절에나 통하던 가치관이다. 결혼한 남성에게 최소한의 본분은 다음 3가지다.

1. 가장으로서의 본분

2. 남편으로서의 본분

3. 아빠로서의 본분

안 부장의 문제는 남편과 아빠로서의 본분을 망각하고, 방치했다는 것이다. 안 부장이 최우선적으로 실천해야 할 것은 '나에게 좀 더 잘해주며 살래'가 아니다. 아내와 아들딸의 생각을 존중하는 노력이 먼저여야 한다. 자신이 존중받기 위해서는 먼저 상대를 존중해 주어야 하기 때문이다. 구체적인 솔루션은 4장을 참조하기 바란다.

인생이란 마라톤을 혼자만 달릴 때는 앞만 보고 잘 달리면 된다. 그런 일상에서 얻는 성취감이 후회의 밀도를 낮추고 행복의 밀도를 높이기 때문이다. 그러나 결혼을 하면 달라져야 한다. 옆에서 달리는 아내와 뒤에서 따라오는 자녀도 살펴야 한다. 자기 마음대로 되지 않는다고 다그쳐서는 안 된다. 그렇다고 '나한테 좀 더 잘해주며 살기!'를 포기하라는 말이 아니다. 가정과 일터에서 다음 3가지를 균형 있게 하는 게 좋다는 뜻이다.

1. 본분 다하기
2. 먼저 존중하기
3. 나한테 잘해주기

임 씨와 같은 40대 여성들 또한 많다. 폭력과 외도를 반복하는 남편에게 미련을 버리지 못하는 아내, 자녀에 집착하는 엄마, 무시와 학대에도 경제적 두려움 때문에 이러지도 저러지도 못하는 전업 맘들이 많다. 이들은 어떻게 해야 할까?

2가지 대안 중 하나를 선택해야 한다. 하나는 '나에게 상처 주는 상대가 누구든 그와의 관계를 단절할까?'이다. 다른 하나는 '그래도 단절하지 않는 게 나을까?'이다. 이는 2장을 참조하기 바란다. 후회 없는 선택을 하는 데 많은 도움을 받을 수 있을 것이다.

세 번째 암초를 피할 레시피는 2가지다. 앞서 언급했듯이 첫째는 생각만 해도 설레고 가슴 뛰는 꿈을 갖는 것, 둘째는 그 꿈을 이루기 위해 열정적으로 몰입하는 것이다.

08

마흔부터는
후회 없는 나로 살기로 했다

내 삶을 탄탄하게 해줄 인생의 주춧돌

인생은 길고 긴 마라톤이다. 지금 이 순간에도 모든 사람이 결승점을 향해 쉬지 않고 달려가고 있다. 늦거나 빠르거나, 힘들거나 힘들지 않거나, 멋진 폼이거나 그렇지 않거나의 차이만 있을 뿐이다.

인생은 건물을 짓는 것과 같다. 도면을 그리듯 계획을 짜고, 공사를 하듯 실행을 하기 때문이다. 어쨌든 당신은 멋지고 튼튼한 내 인생이라는 건물을 지어야 한다. 이때 가장 중요한 것은 인생의 주춧돌을 잘 놓는 것이다. 주춧돌이 튼튼해야 후회 없이 잘 살 수 있다.

그렇다면 내 삶을 탄탄하게 해줄 인생의 주춧돌은 무엇일까? 사람마다 관점이 다르겠지만, 필자들은 다음 4가지를 꼽는다.

1. 건강
2. 스펙
3. 돈
4. 관계

건강과 스펙, 그리고 돈이 인생의 주춧돌이라는 데 이의를 제기할 사람은 거의 없을 것이다. 그러나 관계에 대해서는 다르게 생각하는 사람들이 의외로 많다. 가족은 물론, 친구 없이 혼자 살아도 전혀 외롭지도, 불편하지도 않다는 사람들이 대표적이다. 이에 대해서는 4장에서 자세히 다룰 것이다.

돈에 대해서도 반론을 제기하는 사람들이 있다. "돈이 삶에 필요한 것은 분명 맞지만 행복의 전부는 아니다" 혹은 "있다가도 없고, 없다가도 있는 게 돈이다. 그러니 돈에 너무 집착하지 마라"라고 말하는 사람들이 대표적이다. 그러나 이 명제는 돈의 결핍을 뼈저리게 겪어본 적 없는 사람들의 배부른 푸념일 뿐이다.

물론, 돈이 행복의 전부도, 인생의 좌표도, 결실도 아니라는 데는 동의한다. 하지만 멋지고 튼튼한 내 인생의 건물을 짓고자 하는 사람들에게 필요한 첫 번째 주춧돌이라는 것 또한 분명한 사실이다. 여기서 주목할 것은 2가지다. 하나는 돈을 제외한 내 인생의 주춧돌 3가지가 대부분 10대에서 30대까지 세팅된다는 것이다.

스펙의 예를 들어 보자. 유아기에 시작된 스펙의 메인인 공교육은 대부분 20대 초중반에 끝난다. 그 공교육의 성과와 본인의 선택에 따라 인생의 방향과 직업이 정해진다. 내 인생에서 스펙이라는 주춧돌의 세팅이 이때 일단 마무리된다.

중요한 건 어떤 일을 하든 스펙이라는 주춧돌을 갈고닦는 일을 멈춰서는 안 된다는 것이다. 얼마나 노력했는지, 노력 대비 성과는 어땠는지 검증하기 위해 매년 당신의 이력서와 자기 소개서를 다시 써보라. 언제까지? 평생 돈 걱정 없이 경제적 여유를 갖출 때까지.

다른 하나는 4가지 주춧돌의 유효 기한이 사람마다 다르다는 것이다. 유효 기한이 평생을 넘어 자식 대까지 확장되는 경우도 있고, 30대 후반에 거의 다 소멸되는 사람들도 있다. 무엇이 이러한 차이를 만드는 것일까? 노력의 밀도 차이일까? 아니다. 노력의 아웃풋인 실력, 즉 경쟁력의 차이 때문이다.

오늘부터는 후회 없는 나로 살자

40대를 후회 없는 나로 사는 걸 꿈꾸는 사람들이 많다. 하고 싶은 일을 원 없이 하면서 자기 뜻대로 살겠다는 이들이나 노후 준비를 끝내고 인생을 즐기며 살겠다는 이들이 대표적이다. 그들에게는 특히 40대의 10년이 매우 중요하다. 지금까지 갈고닦은 인생의 주춧돌을 더 굳건히 자리 잡도록 만들어야 가능한 일이기 때문이다.

그런데 문제는 열심히 갈고닦아도 더 이상 버티기 힘든 주춧돌이 나타난다는 것이다. 가령, 40대 초반에 다니던 직장을 그만둔 사람이 있다. 그 사람은 돈이란 인생의 주춧돌이 없어졌거나 작동 불능 상태가 된 것이다. 이런 경우, 대개 다음 2가지 중 하나를 선택한다. 첫 번째는 인생을 리모델링해 새로운 직장에 재취업하는 것이고, 다른 하나는 인생을 리빌딩해 자영업 경영주나 프리랜서가 되는 것이다. 2가지 모두 돈이란 인생 주춧돌의 기반을 튼튼하게 만들기 위해 리셋을 했다고 할 수 있다.

이 때 아주 중요한 게 있다. 인생 주춧돌을 리셋하는 것만으로는 한계가 있다는 것이다. 그 한계는 무엇으로 대체할 수 있을까? 앞서 소개한 인생 반전 4개의 레시피를 내 인생의 골든타임으로 만드는 디딤돌로 활용하는 게 대안일 수 있다. 그래야 40대를 후회 없는 나로 살아낼 수 있기 때문이다.

이상으로 40대에 겪는 7대 후회 중 '좀 더 건강에 신경 쓸 걸', '평생 돈 걱정 없이 살 준비를 끝낼 걸', '행복한 추억을 좀 더 많이 만들 걸', '나한테 좀 더 잘해주며 살 걸' 등 4가지에 관한 내용들을 1장에서 다뤘다.

'그때 선택을 좀 더 잘할 걸'과 관련한 레시피, 즉 후회의 총량을 줄이거나 아예 없게 만들 선택의 실력과 관련한 내용은 2장, '좀 더 열심히 할 걸' 관련 레시피는 3장, '좀 더 돕고 나누고 어울리며 살 걸'이란 후회를 없애 줄 레시피는 4장에서 폭넓게 다룰 것이다.

2장

선택 잘하는
나 되기

01

인생은
선택의 결과물이다

40대를 살아가면서 마주치는 것들이 있다. 갈등, 고민, 선택, 후회, 상처, 무시, 따돌림, 시련, 실패, 좌절, 간섭, 집착, 미련, 기대, 희망, 용기, 기쁨, 칭찬, 격려 등이 그것이다. 이중에서 가장 중요한 것은 무엇일까? 바로 선택이다. 어떤 선택을 하느냐에 따라 신의 한 수가 되기도 하고, 평생을 후회하게 만드는 인생 최악의 한 수가 될 수도 있기 때문이다.

중요한 것은 좋든 싫든 모든 인간이 매일 선택을 해야 한다는 것이다. 국가나 기업의 명운을 건 선택이든, 최고 지도자가 되기 위한 것과 같은 일생일대의 선택이든, 직업과 배우자 선택에 관한 것이든, 점심을 누구랑 먹을 건지와 같은 사소한 것이든 선택은 우리에게 일상인 것이다. 앞서 강조했듯, 인간은 하루 150번, 일평생 400만 번의 선택을 한다. 중요한 사실은 후회의 거의 전부, 즉 99% 이상이 선택에서 비롯된다는 것이다.

어떤 선택을 하느냐에 따라 인생이 뒤바뀔 수도 있고, 인생 반전의 시발점이 될 수도 있다. 미룰 수는 있어도 안 할 수는 없는 게 선택인데, 특히 40대에게는 더욱 그렇다. 건강이든, 퇴직 시기와 퇴직 후 뭐하며 어떻게 살지에 관한 것이든, 행복과 관계에 관련된 것이든 무엇 하나 확실한 게 없기 때문이다. 그래서 40대를 인생 반전을 위한 변곡점이자 환승역이라고 하는 것이 아닐까?

결론적으로 40대를 후회 없이 살기 위한 첫 번째는 선택을 잘해야 한다는 것이다. 어떻게 하면 '선택을 잘하는 나'가 될 수 있을까? 다음과 같은 선택의 기술 4가지를 잘 활용하면 된다.

> 1. 징후를 읽는 안목
> 2. 미래를 읽는 통찰력
> 3. 타이밍
> 4. 멘토의 지혜 빌리기

선택은 타이밍 싸움이다

징후를 읽는 안목, 통찰력, 멘토의 지혜 빌리기는 뒷부분에서 자세히 소개하고, 여기서는 타이밍이 왜 선택의 기술이라는 건지 알아보자.

너무 앞서가는 선택은 실패할 가능성이 높다. "시장, 고객보다 반 발짝, 또는 한 발짝만 앞서가야 한다"는 말이 그래서 있는 것이다. 반면, 너무 늦은 선택 역시 마찬가지다. 정확성은 높아지겠지만, 이미 피크 타임이 지나버려 경쟁만 심할 수 있다. "막차 탔다"는 말을 해봐야 남는 건 후회뿐일 가능성이 높다. 이런 관점 때문에 필자들은 "선택은 타이밍 싸움이다"라고 말한다.

앞서 설명한 부동산 매매나 주식 투자의 성패도 타이밍 선택이 가장 큰 영향을 미친다. 다음은 평범한 맞벌이 부부 김명원(가명, 남, 41세), 박서희(가명, 여, 40세) 씨의 부동산 매매 실패를 반전시킨 사례다.

김 씨는 평범한 직장인, 박 씨는 초등학교 교사다. 결혼 4년차인 두 사람은 김 씨 부모의 도움을 받아 산 거여동의 24평 아파트에서 신혼생활을 시작했다. 2017년 4월, 아이를 갖게 되자 박 씨가 근무하는 거여동 아파트를 5억에 팔고, 그 돈 중 일부로 전세를 얻어서 학교 근처인 뚝섬유원지 내 A아파트 단지로 이사했다.

문제는 아파트를 팔고 난 후부터 가격이 상승했다는 것이다. 3주 만에 5천만 원이 올랐다. 박 씨는 아파트를 판 게 너무 후회됐다. 며칠 동안 잠을 설쳤다. 그렇다고 잘못된 선택을 후회하고만 있을 수는 없었다.

박 씨는 친정 엄마에게 전화를 걸어 자신의 선택을 하소연했다. 그 말에 엄마의 마음이 움직였다.

"얘, 서희야. 내가 4억을 빌려줄 테니 전세 끼고 아파트를 사 거라."

친정 엄마에게 빌린 돈을 종자돈으로 해서 뚝섬유원지 인근의 아파트를 전세 5억을 낀 상태로 8억 4천에 샀다. 2023년 3월 현재, 이 아파트 매매가는 17억 원에 달한다.

너무 앞서가는 선택도 최악의 한 수가 될 가능성이 높다. A출판사 K대표는 남북 정상회담, 북미회담 등이 잇따라 열리자 비핵화 협상 등이 타결될 것으로 판단했다. 협상이 타결되면 북한과의 비즈니스가 활성화될 것으로 판단해《북한과 비즈니스 성공하기》라는 책을 2019년 3월에 출간했다. 그러나 북미 정상회담은 결렬됐고, 북한과의 비즈니스역시 먼 훗날의 일이 되고 말았다. 당연히 책 판매도 기대치를 밑돌았다.

02

인생은 결코
한 방이 아니다

인생은 선칠기삼

성공한 사람을 보고 운이 좋았다고 말하는 사람들이 있다. 아예 당사자 스스로가 그렇게 말하기도 한다. "개업식하고 이틀 지나 외환 위기가 터졌다. 다행히 난 물린 게 하나도 없었다. 그러나 경쟁자들은 달랐다. 거래처 부도에다 수금한 어음이 부도난 것도 모자라 환율이 폭등했다. 수입한 원자재 대금 결재하느라 원래보다 두세 배 더 많은 돈을 지불해야 했다. 3중고를 겪은 경쟁자들이 죄다 줄도산했다. 그 덕분에 난 승승장구를 할 수 있었다. 그 누가 우리나라 5천년 역사에서 외환 위기가 터질 줄 알았으랴. 난 정말 운이 좋았다"는 식이다.

반대인 경우도 많다. 대표적인 것으로 "내가 주식을 사고 나니 금융 위기가 터졌다"느니 "집을 팔고 나니 한 달 뒤부터 본격적으로 오르더라"며 재수 없는 놈은 뒤로 넘어져도 코가 깨지더라는 식의 하소연을 하는 사람들 말이다.

그러나 이 두 사례의 경우를 단순히 운이 좋고, 나빴기 때문이라고 말할 수 있을까? 아니다. 그럼 무엇 때문일까? 바로 선택 때문이다. 좀 더 구체적으로 말하면 한 사람은 선택 타이밍이 좋았고, 한 사람은 좋지 않았다. 개업일, 집 판 날을 그날로 선택했기에 행운과 좌절이란 결과가 나타난 것이다.

물론 첫 번째 사례처럼 전혀 의도하지 않은 선택이 행운을 가져다주는 경우도 있다. 그러나 이와 같은 '어쩌다' 시리즈는 절대 반복되지 않는다. 대박이든, 쪽박이든 실력이 뒷받침되지 않으면 말이다. 이런 관점에서 보면 지금까지 내 인생의 모든 결과는 운이 좋아서도, 나빠서도 아니다.

인생은 결코 한 방이 아니다. 그 인생의 주인공이 지속적으로 내린 선택의 결과물이다. 운칠기삼運七氣三도, 복칠기삼福七氣三도 아니다. 선택이 70%, 실력과 노력이 30%인 선칠기삼選七技三이다.

길이 없어서도, 운이 없어서도 아니다

결혼 상대를 고르는 것도, 지금 하는 일을 선택한 것도, 친구를 선택한 것도, 속 썩이는 자식을 낳은 것도 다 내 선택이고, 내 인생이다. 부모와 죽음 빼고 내 인생의 모든 것은 결국 내 선택의 결과이다. 성공도, 실패도, 누군가와의 관계도, 행복도, 불행도, 행운도 예외일 수 없다. 무시당하는 것, 상처받는 것 역시 마찬가지다.

상처를 받을 건지, 말 건지도 내가 선택한다. 상처를 키울 건지, 삶의 교훈으로 만들 건지 역시 마찬가지다. 나와 가장 가까운 사람이라도 그의 생각, 말, 행동, 태도, 습관은 어쩔 수 없다. 하지만 어떻게 반응할 것인지는 내가 선택할 수 있다.

그러니 오늘부터는 존중할 가치가 없는 사람에게 내 시간, 내 마음을 쏟은 후 상처받지 마라. 내 인생 100년 동안 얼굴도, 이름도 모른 채 그저 스쳐지나가는 수많은 사람들 중 한 명일 뿐이라고 생각하자. 다시 오지 않을 황금 같은 시간을 이런 사소한 이유들로 상처받을 필요는 없다.

만약 과거로 돌아가 딱 한 가지만 바꿀 수 있다면 당신은 무엇을 선택하겠는가? 사람마다 다를 것이다. 돈과 관련된 것을 선택하든, 건강과 관련된 것을 선택하든 결코 틀린 것도, 잘못된 것도 아니다.

하지만 3장 주제인 '탁월한 나 되기'와 관련된 선택이야말로 최고의 선택이 될 가능성이 높다. 40대에 접어들어 인생 환승역에 선 당신이 성공과 행복을 동시에 추구한다면 더욱 그래야 한다. 일단, 그 선택이 당신의 인생을 술술 풀리게 만들 것이기 때문이다. 인간관계 관련한 선택은 그 다음이다.

누구나 자신의 인생을 가고 있다. 그러나 그 길의 끝은 아무도 모른다. 길의 끝이 보일 때쯤에야 안다. 그때서야 그 길이 잘못되었다는 것을 알고 후회해도 소용없다. 다른 길이 없어서도, 운이 없어서도 아니다. 그저 선택을 잘못했을 뿐이다.

03
인생 반전 레시피가 될
선택 영역

신의 한 수가 된 선택들

일생 동안 400만 번 정도의 선택 중 어떤 선택은 신의 한 수라 불릴 정도로 최고의 선택이 되는 반면, 어떤 선택은 최악의 선택이 되기도 한다. 역사적인 신의 한 수급 선택의 예를 들어 보자. 그중 하나로 1867년에 미국이 러시아로부터 불과 720만 달러에 알래스카를 산 것을 꼽을수 있다. 그보다 240여 년 전인 1626년에도 뉴욕에서 신의 한 수급 선택이 있었다. 이누이트란 상인이 단돈 24달러에 상당하는 물건을 주고 인디언들로부터 맨하탄 섬을 산 일이 그것이다.

그럼 지금 러시아가 알래스카를 되살려면 얼마를 줘야 할까? 인디언들이 맨하탄을 되살려면 얼마를 줘야 할까? 아마 만 배를 더 준다고 해도 살 수 없을 것이다.

김영삼, 김대중 전 대통령도 마찬가지다. 신의 한 수라고 평가받는 선택을 했기에 대통령이 될 수 있었다. 김영삼 전 대통령은 '3당 합당', 김대중 전 대통령은 'DJP 연합'이란 선택을 통해 평생의 꿈을 이룰 수 있었다.

인생 반전의 레시피는 선택 영역에 있다

평범한 사람들도 예외가 아니다. 인생의 터닝 포인트마다 어떤 선택을 하느냐가 중요하다. 인생 역전이나 반전은 로또 1등 당첨으로 이루어지는 게 아니다. 선택을 잘하고 실력을 갖춘 사람에게만 일어난다.

그렇다면 40대를 위한 인생 반전의 레시피가 될 선택 영역으로는 무엇이 있을까? '진로 변경', '배우자 선택', '내 집 마련' 등 여러 가지가 있을 것이다. 그중 가장 중요한 것은 무엇일까? 사람마다 다르겠지만, 필자들은 배우자 선택을 꼽는다. 왜 그렇다고 말하는 것일까?

무언가를 선택할 때마다 사람들은 어떤 메시지를 받는다. 즐거움, 기쁨, 만족, 성취감, 보람 등 긍정적 메시지뿐 아니라 후회, 고통, 분노, 실패와 같이 불행과 관계가 있는 부정적인 메시지도 받는다. 그 선택에 따라 최소 몇 초나 몇 시간부터 자기 인생 전반에까지 영향을 받는다. 심지어 평생을 넘어 자식과 그 후손까지 영향을 받는 것도 있다. 바로 배우자 선택이다.

유산은 물려주기 싫으면 배우자나 자녀에게 물려주지 않으면 된다. 그러나 유전자는 다르다 내 맘대로 되는 게 아니다. 어떤 배우자를 선택하느냐에 따라 내 의지와 상관없이 나와 배우자의 유전자가 자녀에게 대물림된다.

실제로 필자의 지인 중에 그런 이치를 실행한 이가 있다. 다음은 그분의 결혼 조건에 관한 이야기다.

그분이 결혼하길 원하는 여성의 조건은 오직 하나, 부잣집 딸이어야 한다는 것이었다. 왜일까? 처가로부터 경제적 도움을 받기 위해서? 아니다. 자녀에게 부자 DNA를 물려주고 싶다는 바람 때문이었다.

자신의 집안은 증조부 때부터 아버지 대까지 3대가 대대로 가난했다고 한다. 자신 역시 마찬가지인 것 같다고 말했다.

결과는 어땠을까? 고르고 고르더니 41세라는 나이에 드디어 부잣집 딸과의 결혼에 성공했다. 400만 번 정도의 선택 중에서 배우자 선택이 가장 중요하다는 사실을 깨닫고 실행한 대표적 사례라 할 수 있지 않을까?

물론 이 사례는 좀 특이한 경우다. 배우자 선택 시 대부분 중요하게 고려하는 것은 다음과 같은 5가지 정도다. 지적 능력, 신체적 능력, 정서적 능력, 경제적 능력, 관계적 능력이 그것이다. 그렇다면 이 중 가장 중요한 것은 무엇일까? 경제적 능력? 아니다. 관계적 능력이다. 결혼이란 단순한 남녀의 결합이 아니다. 시월드와 처월드 간 결합이다.

그렇다면 관계적 능력에서 가장 중요한 것은 무엇일까? 존중심이다. 배우자 될 사람이 존중심이 깊은지, 아닌지 판단하면 된다. 나는 물론, 내 가족의 생각, 성격, 말투, 습관 등을 인정하고 존중할 사람인지 여부 말이다. 이에 대한 구체적인 방법은 이번 장의 9번째 주제인 '인생 반전의 한 수가 될 선택의 지혜'를 참조하기 바란다.

이미 결혼한 40대들은 어떤 선택을 해야 할까? 존중심이 없는 배우자와는 이혼하는 게 방법일까? 아니다. 2가지 이유가 있다. 첫째, 내가 먼저 존중하면 배우자도 나를 존중하기 때문이다. 둘째, 나쁜 사람은 있어도 틀린 사람은 없기 때문이다. 상대방의 성격, 말투, 습관 등이 나와 다름을 존중하는 게 먼저다. 나는 변하지 않은 채 너만 변하라는 건 관계를 더욱 악화시킬 뿐이다.

04
선택의 기술,
까까의 법칙

까까의 법칙이란?

선택을 잘하기 위해서는 '까까의 법칙'을 잘 활용하는 게 도움이 된다. '까까의 법칙'이란 '무슨 일을 할까, 말까'의 선택적 대안 중 후회의 총량은 적고, 만족과 편익의 총량이 큰 '까'를 선택하는 법칙을 말한다.

'결혼을 할까, 하지 말까'의 예를 결혼 연령의 변화를 들어 생각해보자. 통계청 자료에 따르면, 결혼 연령은 2005년 남성 33.8세, 여성 30.4세에서, 2022년 37세, 33.9세로 3살 정도 높아졌다. 결혼을 가장 많이 하는 30대의 미혼율은 어떻게 변했을까? 남성은 1990년 9.5%에서 2020년 50.8%로, 여성은 1990년 4.1%에서 33.6%로 지난 30년 동안 남성 4.5배, 여성 8배로 높아졌다.

"결혼은 해도 후회, 안 해도 후회한다. 그러니 하고 후회하는 게 낫다"
는 말에 대부분이 공감하던 때가 있었다. '결혼을 할까'를 선택하는 것이
후회의 총량은 적고, 만족과 편익이 크다고 생각하는 사람들이 많았다
는 뜻이다.

그러나 위의 통계청 자료가 말하는 추세는 과거와는 사뭇 다르다. '결
혼을 하지 말까'를 선택하는 청춘 세대들이 증가하고 있고, 결혼했을 때
얻는 만족과 편익보다 후회의 총량이 클 거라고 생각하는 청춘들이 많
아지고 있음을 알 수 있다.

그렇다면 이러한 선택을 평생 후회하지 않을 신의 한 수급 선택이라
고 말할 수 있을까? 아닐 확률이 높다. 결혼이든, 비혼이든 선택 당시에
는 미처 알지 못했던 변수들이 새롭게 나타나 후회나 찬사를 부르기 때
문이다. 앞서 소개했던 알래스카 사례가 대표적이다.

이 세기적 매수를 주도한 이는 미국의 17대 대통령 앤드류 존슨 시절
의 국무장관, 윌리엄 헨리 수어드William Henry Seward다. 그가 당시 거의 전
미국인들의 반대에도 불구하고 매수를 강행한 이유는 지금 알래스카가
주는 전략적, 경제적 가치와는 전혀 달랐다. 당시 캐나다를 지배하던 영
국을 견제하기 위한 단 한 가지 이유 때문이었다.

그러나 매수 후 30년이 지난 1897년에 금광이 발견돼 골드러시가 이
루어졌고, 100년 후에는 석유가 발견됐으며, 현재는 관광지로 명성을
얻고 있다. 그뿐만이 아니다. 2차 대전 이후 냉전시대부터는 소련과 러
시아를 견제하는 군사적 요충지로서의 가치도 커졌다. 의도한 건 아니

지만, 결과적으로 미국 입장에서는 신의 한 수, 러시아 입장에서는 최악의 한 수가 된 선택이었다.

개인의 경우도 마찬가지다. 김영삼, 김대중 전 대통령의 경우처럼 3당 합당, DJP 연합과 같은 신의 한 수라 불린 선택을 한 경우도 있다. 그러나 노무현, 박근혜 전 대통령처럼 최악의 한 수가 된 선택을 한 경우도 있다. 그러므로 우리는 인생에서 선택을 잘해야 한다. 그렇다면 어떻게 해야 선택을 잘할 수 있을까? 다음의 경우처럼 까까의 법칙을 활용하는 것도 방법이다.

> **<'~할까'를 선택하는 게 좋은 상황>**
>
> 1. 도와달라고 부탁할까? 하지 말까?
>
> 2. 이 요구를 할까? 하지 말까?
>
> 3. 결혼을 할까? 하지 말까?
>
> 4. 하루 30번씩 칭찬할까? 잘했을 때만 할까?
>
> 5. 하루 30번씩 감사하다고 말할까? 하지 말까?
>
> 6. 배우자(부하)의 잘못을 용서할까? 꾸짖을까?
>
> 7. 내가 먼저 화해를 청할까? 청하지 말까?
>
> 8. 내 잘못을 인정하고 사과할까? 하지 말까?
>
> 9. 생각이 달라도 긍정해야 할까? 말아야 할까?

<**'~하지 말까'를 선택하는 게 좋은 상황**>

1. 이것을 살까? 사지 말까?

2. 이 말을 할까? 하지 말까?

3. 이 사람과 결혼할까? 하지 말까?

4. 스트레스 받는다. 그만둘까? 말까?

5. 열 받는데 화를 낼까? 내지 말까?

6. 이혼을 할까? 하지 말까?

7. 이것을 먹을까? 먹지 말까?

8. 상사의 잘못을 피드백 할까? 하지 말까?

9. 이제 그만 포기해야 할까? 하지 말까?

'까까의 법칙'은 정답이 있는 게 아니다. 평균적인 상황에서의 선택에 도움을 주기 위한 가이드일 뿐이다.

후회의 총량을 줄여주는 까까의 법칙

예를 들어 보자. '이혼을 할까? 하지 말까?'라는 상황에서 대부분의 경우, '이혼하지 말까'를 선택하는 게 후회의 총량이 적다. 이혼 후, 후회하는 사람이 더 많다는 게 그 근거다. 그러나 어떤 이들에게는 이혼을 하는 것이 후회의 총량이 적고, 만족과 편익은 더 높을 수도 있다. 왜 그럴까? 1장에서 언급했던 행복처럼 후회 역시 성격, 가치관, 말투, 소통 스타일 등에 따라 백인백색 다르게 나타나기 때문이다.

신의 한 수가 될 선택을 하는 것은 사실 쉽지 않은 일이다. 난이도가 중간 수준인 선택들은 어떨까? 이 역시 마찬가지다. 쉽지 않다. 선택을 잘못하면 오히려 후회의 총량을 더 키울 수도 있다. 위의 '도와달라고 부탁할까? 하지 말까'를 예를 한 번 보자.

고교 동창인 김영호(가명, 48세) 씨와 한정석(가명, 48세) 씨는 30년 지기 죽마고우다. 김 씨는 잘나가는 대기업 S사의 40대 사장이다. 반면, 한 씨는 4년차 보험 영업인이다. 최근 몇 년 동안은 서로 바쁘다 보니 다른 친구들과 만나는 모임에서나 서로 술잔을 기울이며 이런저런 대화를 나눴다.

그러던 2022년 12월 초 어느 날, 김 씨가 한 씨에게 불쑥 전화를 걸어 왔다. 김 씨는 올해가 가기 전에 둘이서 저녁을 같이 하자고 했다. 그렇게 마련된 자리에서 저녁이 끝나갈 때쯤, 김 씨가 말했다.

"정석아, 너 요즘 어떠니? 정말 잘되는 거니?"

"……."

김 씨가 묻는데, 한 씨는 대답을 하지 않았다. 그런 한 씨를 보며 김 씨가 말했다.

"정석아, 너 요즘 어렵다며? 힘들면 나한테 좀 도와달라고 하지 그랬냐. 난 네가 한 번도 도와달라고 말하지 않아서 잘되는 줄로만 알았어. 만나야 할 고객들이 많아서 내 사무실에 들를 짬도 못 내는 모양인가 보다 생각했어. 난 어려울 때면 여력이 있는 친구나 지인에게 도와달라고 부탁해야 한다고 생각해. 도움을 요청하지 않는데 스스로 도와주겠다고 나서는 사람은 없을 거야. 잘되고 있나 보다 생각하기 때문만은 아냐. 상대가 자존심에 상처를 입을지도 모른다고 생각하기 때문이기도 해."

그렇다. 이제는 어떤 상품을 사달라거나 가입해달라고 부탁할까, 말까 망설이지 마라. 여력 있는 친구나 지인에게는 부탁을 주저하지 마라.

사람들은 소비적인 행동이냐, 생산적인 행동이냐를 기준으로 선택을 하기도 한다. 가령, 이 옷을 살까, 말까는 소비적 행동이므로 '~말까'를 선택하는 게 좋다. 반면에 '둘이 벌어 언제 집을 사겠어. 주말에 택배 알바라도 할까, 말까'와 같은 경우에는 '~할까'를 선택하는 게 좋다. 가치 창출, 즉 돈을 버는 생산적 행동이기 때문이다.

이제부터는 선택을 할 때 '까까의 법칙'을 활용해보라. 여기에 징후를 읽는 안목을 높이고, 미래를 보는 통찰력을 키우며, 멘토의 지혜까지 빌린다면 당신에게 남은 200만 번 정도의 선택에서는 후회의 총량을 줄여나갈 수 있을 것이다.

05

남편의 허물은
지고 다니기로 했다

왜 남편한테만 변하라고 했을까?

　최근 10여 년 동안 매년 10만여 쌍이 이혼을 했다고 한다. 주된 사유
는 대략 성격 차이, 경제적 문제, 외도 3가지였다고 한다. 그리고 이 3가
지 이혼의 근본적인 사유는 배우자를 존중하지도, 배우자한테 존중받
지도 못했기 때문이었다고 한다. 결혼 10년차 워킹 맘인 전서영(가명, 40
세) 씨의 경우를 한 번 보자.

　　결혼한 여성들 중 이혼을 생각해 보지 않은 사람이 과연 있을
　　까요? 나 역시 이혼을 100번도 더 넘게 생각했네요. 맞벌이임
　　에도 가사와 육아에 손가락 하나 까딱 안 하고 독박 육아와 독

박 가사를 강요하는 똥배짱, TV를 보다가 "물!" 하면 가져다 줄 정도로 남편의 가부장적 권위주의에 이골이 났습니다. 제발 변하라고 수없이 말해도 소귀에 경 읽기인 남편과의 이혼을 심각하게 고민했습니다. 그러던 어느 날, 선배 여교사가 그러더군요.

"이혼을 생각하는 사람들은 이기적이다. 자신의 생각이나 말투, 성격, 습관은 전혀 바꾸지 않은 채 배우자한테만 변하라고 요구하기 때문이다. 자신은 아무런 변화가 없는 상태에서 수영장을 바꾼다고 실력이 느는 것도 행복해지는 것도 아니더라."

그 말을 듣고 제 자신을 돌아보았습니다. 그랬더니 "남편도 나 같은 여자 만나서 사느라 힘들고 불만이 많았겠구나!" 하는 생각이 들더군요. 재미있는 건 그런 생각이 드는데도 막상 인정하는 건 쉽지가 않더라는 거였습니다. 어쨌든 그렇게 인정하고 나니 저의 부족함이 조금씩 보이기 시작하데요.

혹시 저처럼 이혼할까, 말까의 갈림길에서 고민하시는 분들께 2가지를 조언해 드리고 싶네요. 하나는 아주 구제불능인 남편이 아니라면 '말까'를 선택하는 것이 좋다는 겁니다. 다른 하나는 나는 변하지 않은 채, 수영장만 바꾼다고 실력이 느는 건 아니라는 거구요.

수영장을 바꾸든, 안 바꾸든 중요한 것

선배 여교사의 말을 듣고 난 전 씨는 다음과 같은 2가지 행동을 통해 자신이 먼저 변해 보자는 결론을 내렸다.

첫째, 내가 먼저 나의 말투와 시선, 제스처 등을 바꾸려 노력한다. 남편과 대화하는 상황을 동영상으로 촬영해 보고 나서 깜짝 놀랐다. 남편에게 불만이 많아서 그런지 퉁명스러운데다가 가시 돋친 말투여서. 남편이 버럭 화를 내지 않은 게 다행일 정도라는 생각이 들었다.

남편과 눈도 잘 마주치지 않았고, 대화 시 손사래를 치는 등 싫다는 표현을 끊임없이 하고 있었다. '동영상 속 여자가 과연 나인가?'라는 생각이 들 정도였다. 이제는 대화할 때 남편과 눈을 마주치면서 최대한 따뜻한 말, 부드러운 말투로 말하려고 노력하고 있다.

둘째, 남편의 단점보다는 좋은 점만 보려고 노력한다. 남편의 좋은 점을 찾아보니 의외로 제법 많았다.

1. 돈을 잘 벌지는 않지만 가장의 본분을 다하려고 노력한다.
2. 바람을 피지 않고 남편의 본분을 다하려고 한다.
3. 딸아이와 잘 놀아주고 운동도 열심히 한다.

4. 술을 심하게 마시지 않고 담배는 안 한다.

5. 폭언이나 폭력과는 거리가 멀다.

6. 결혼 전 했던 약속을 지키려고 노력한다.

7. 취미생활에 지나치게 몰입해 주말 과부를 만들지 않는다.

그래도 남편의 좋은 점은 안 보이고 허물만 잘 보이는 사람은 이렇게 외쳐보라.

"내 허물은 안고 다니고, 남편의 허물은 지고 다니겠다."

이 정도로 노력한다면 남편의 좋은 점들이 보이지 않을까?

수영을 해본 사람은 알 것이다. 수영장을 바꾼다고 저절로 실력이 느는 게 아니라는 것을. 사표를 내고 새 직장에 들어간다고 새로 만나게 되는 직장 상사나 동료와 관계가 절로 좋아질 수 있을까? 성격이 맞지 않는다며 이혼한 후 새로운 상대와 결혼한다고 갑자기 말이 잘 통하고 관계가 좋아질 수 있을까?

"꽃이 떨어져야 열매가 자란다"는 말이 있다. 나라는 꽃이 떨어져야 관계라는 열매가 자란다. 그러나 현실은 어떤가? 꽃은 떨어지지도 않았는데 관계라는 열매가 잘 자라기를 바라는 사람들이 많다. 그들의 문제는 나는 변하지 않은 채, 상대 배우자, 부모, 자식, 형제, 상사, 친구 등가 먼저 변해야 한다고 생각하는 것이다.

나를 바꾸지도 못하면서 어떻게 상대방을 변화시키려고 하는가? 왜 배우자가 내 바람대로 변하지 않는다고 상처를 받고 이혼을 생각하는가? 왜 덜커덕 이혼하고 나서 후회하는가? 후회하지 않으려면 이제부턴 남편의 허물은 지고 다녀라.

이 세상에서 마음의 병을 고칠 수 있는 명의는 한 명뿐이다. 유명한 정신과 의사나 심리 상담가라고 해도 마음의 병을 완전히 치료할 수는 없다. 스스로를 완치시킬 수 있는 유일한 사람은 바로 자기 자신뿐이다. 상처받은 마음에 잘 듣는 특효약 역시 한 가지뿐이다. 내가 먼저 변하는 것이다.

가정과 직장, 사적 모임 등에서 무시당하고 인정받지 못하는 사람은 절대 행복해질 수 없다. 그러니 나쁜 말과 행동을 상습적으로 반복하는 구제불능인 상대가 아니라면, 그의 말과 행동, 습관 등을 먼저 존중해주는 게 좋다.

06

징후를 간과하면
큰 대가를 치른다

우리 눈이 2개인 이유

신은 왜 인간에게 2개의 귀를 주셨을까? 한쪽 귀만 있으면 다 듣지 못할 수 있음을 걱정해서였을까? 아니면 한쪽 귀로 듣고, 한쪽 귀로는 쓰레기 같은 말들을 버리라는 뜻에서였을까?

그렇다면 콧구멍은 왜 2개를 주셨을까? 냄새에 중독될까봐 그랬을까? 교대로 냄새를 맡으라는 뜻에서 그랬을까?

눈은 왜 2개를 주셨을까? 3개를 주었다면 앞과 옆은 물론, 뒤까지 잘볼 수 있었을 텐데 말이다. 뒤돌아보면 후회할 일만 보일 테니, 앞만 보고 죽어라 달리라는 뜻에서였을까? 모두 그럴듯한 이유들이다. 하지만필자들이 생각했을 때 그 이유는 현재와 미래를 잘 읽으라는 뜻이 아니었을까 싶다. 한쪽 눈은 현미경처럼 현재를 세밀하게 본 후, 내 주변에서 일어날 일들의 징후를 잘 읽고, 한쪽 눈은 미래의 일들을 망원경처럼 멀리 보고 통찰력을 키우라는 뜻은 아니었을까?

징후를 간과하면 평생 후회한다

갈등을 유발하거나 상처를 주는 사람은 반드시 그 징후를 드러낸다. 문제는 그 징후를 전혀 읽지 못하거나, 간과해서 평생 동안 후회하며 사는 사람들이 많다는 것이다. 결혼을 예로 들어 보자.

많은 사람들이 결혼을 앞두고 '이 사람과 결혼하는 게 최상의 선택일까? 아니면 파혼하는 게 나을까?'와 같은 고민을 한다. 특히, 안 좋은 어떤 징후를 눈치 챘을 때 고민을 많이 한다. 문제는 대부분이 그 징후를 간과한 채 결혼한다는 것이다. 그러나 배우자 될 사람과의 관계에서 파생되는 모든 걸 포용할 자신이 없다면 결혼하지 않는 게 차라리 낫다. 전업 주부 윤보라(가명, 여, 42세) 씨처럼 그 징후를 알았으면서도 간과해 평생 후회하며 살지 않으려면.

윤 씨는 남편과 결혼한 것을 두고두고 후회하고 있다. 내 인생 최악의 선택이라면서. 그 이유는 반복되는 남편의 외도 때문이다. 윤 씨가 더욱 후회하는 건 결혼 전에 남편이 그 징후를 노출했는데도 간과해 버렸다는 것이다.

남편은 결혼 한 달 전에 바람을 폈다. 윤 씨는 화가 머리끝까지 나 당장 파혼하자고 통보했다. 그러자 남편이 윤 씨 집을 찾아왔다. 윤 씨는 이제 끝났으니 그렇게 알고 돌아가라며 문을 열어주지 않았다.

그러자 남편의 석고대죄가 시작됐다. 무릎을 꿇고 울면서 다시는 그러지 않을 테니 용서를 해달라고 빌었다. 주변 시선 같은 건 아랑곳하지 않았다. 평생 후회하며 살게 할 사람이라는 두 번째 징후였지만 윤 씨는 이조차 전혀 인지하지 못했다.

사위가 될 팔자였는지 윤 씨 어머니가 "다시는 바람을 피우지 않겠다는 확실한 다짐을 받으면 되지 않겠느냐"고 말했다. 아버지도 고개를 끄덕였다. 결국 윤 씨는 각서를 받은 후 결혼했다.

들키지 않고 몰래 바람을 피웠는지는 알 수 없지만, 3년 동안은 약속을 잘 지켰다. 그러나 아이 둘을 낳은 뒤부터 다시 바람을 피우기 시작했다. 뻔뻔하게도 그때마다 핑계를 대곤 했다.

"기러기 부부인 부장님께서 날 붙잡고 집에 보내주지 않더라. 너무 외롭다며 여자 둘을 불러서 거부할 수 없었다. 인사고과는 잘 받고 봐야지 않느냐. 이번은 어쩔 수 없어서 그랬다. 다시는 그러지 않을 테니 한 번만 용서해줘."

"고객 중에 돈이 엄청 많은 고객이 있는데, 그분과 2차, 3차까지 가다 보니. 다시는 이런 일 없을 거야."

윤 씨는 지금 당장 이혼을 하고 싶다. 하지만 사춘기에 접어든 아들딸이 상처를 받을까봐, 애들과 함께 살아가는 것에 대한 은근한 두려움 때문에 이러지도 저러지도 못한 채 고민만 깊어지고 있다.

누구라도 윤 씨와 비슷한 상황에 맞닥뜨릴 수가 있다. 이때 중요한 건 후회의 징후를 알아챘을 때 상대의 모든 것을 포용할 자신이 없는 경우, 절대 간과해서는 안 된다는 것이다. 윤 씨의 경우, 부모님의 의견은 참고만 해야 했다. 결국, 남편과 같이 살 사람은 윤 씨이기에 더욱 그랬어야 했다.

그렇다면 이제 윤 씨는 남편과의 관계에서 어떤 선택을 하는 것이 좋을까? 남편의 외도는 계속될 확률이 매우 높다. 그런 전제하에 선택하면 된다. 이혼을 하든지, 모른 척하든지, 포용을 하든지.

당신은 어떤 선택이든 후회하지 않으려면 다음 3가지를 고려할 필요가 있다.

첫째, 백 번을 다시 선택한다 해도 후회하지 않을 선택인지 판단해야 한다.

둘째, 고정관념이나 사회적 통념, 평판을 의식하지 말라는 것이다. 파혼과 이혼은 창피한 일도 주변의 눈치를 볼 일도 아니다. 용기와 신념을 갖고 울타리 밖으로 나와야 한다.

셋째, 어떤 선택이 내 길을 가기 위한 후회 없는 선택이 될지 생각해야 한다. 누가 뭐라 해도 내 인생은 결국 나의 것이기 때문이다.

07

어떻게 징후를 읽는
안목을 높이는가?

징후를 읽는 안목을 높이는 4가지 레시피

대부분의 동물은 위험 감지 능력을 가지고 있다. 미세한 흔들림으로 지진의 징후를 감지하고 미리 대피한다. 서부 영화를 보면 인디언들이 귀를 대고 땅에 추격대가 오고 있다는 징후, 즉 말발굽 소리를 읽는다. 그런 능력을 가진 인간은 이제 거의 없다. 문명의 발달로 위험 징후를 읽는 능력이 퇴화한 탓이다.

인간은 이처럼 자연의 위험 징후를 읽는 능력이 동물에 비해 매우 떨어진다. 문제는 관계에서 오는 갈등과 상처, 직업 및 직장 선택, 배우자 선택 등의 과정도 마찬가지라는 것이다. 심지어는 잘못된 선택이 실망과 좌절을 부르고, 위험을 초래한다는 사실조차 전혀 인지하지 못한다.

중요한 사실은 모든 위험이 윤보라 씨의 경우처럼, 어떤 형태로든 사전에 그 징후가 나타난다는 것이다. 성공한 사람이나 행복한 사람과 그렇지 못한 사람 간에는 여러 가지 차이가 있다. 그중 하나가 바로 후회를 가져올 징후를 읽는 안목의 차이다. 40대를 행복하게 살려면 그 어떤 후회나 상처도 없어야 한다. 그러기 위해서는 다음과 같은 4가지 레시피를 통해서 그런 징후를 읽는 안목을 높여야 한다.

1. 배우고 공부하고 연구하기
2. 간접 경험의 밀도 높이기
3. 통찰력 키우기
4. 멘토의 지혜 빌리기

배우고 공부하고 연구하기의 중요성

기업에서 배우기와 공부하기에 가장 노력을 기울이는 계층은 CEO이고, 그 다음은 임원이다. 그들은 보통 아침 6시에 여는 '최고경영자 조찬 세미나'나 토론 형태의 다양한 포럼에 열심히 참여한다. 그뿐 아니라 경영 전 분야에 걸쳐 전문가들로부터 1:1 코칭도 받는다. 그들 대부분이 배우고 공부하고 연구하는 데 열심인 까닭은 변화의 징후를 읽기 위함이다. 그 징후를 읽지 못하거나 과소평가하면 두고두고 후회할 일이 생기는 것을 알기 때문이다.

사실 배우고 공부하고 연구하기는 40대들이 가장 열심히 해야 하는 과제다. 오륙십대에 비해 경험이 부족하고, 이삼십대에 비해 새로운 지식과 신기술 습득이 떨어지기 때문이다. 그러니 부디 배우고 공부하고 연구하기에 몰입하는 40대로 거듭나기 바란다.

간접 경험의 밀도 높이기

징후를 읽는 안목을 높이는 가장 확실한 방법은 직접 경험해보는 것이다. 성공하면 성공한 대로, 실패하면 실패한 대로 경험이라는 소중한 자산을 얻게 된다. 그런데 여기에는 2가지 문제가 존재한다. 하나는 직접 경험의 자산이 경쟁력이 되기까지는 수많은 시행착오와 시간이 걸린다는 것이고, 다른 하나는 직접 경험의 자산을 업그레이드하지 않으면 시간이 흐를수록 징후를 제대로 읽을 수 없다는 것이다.

이러한 고민을 보완해 줄 방법이 바로 간접 경험의 밀도를 높이는 것이다. 안철수 의원은 2017년 대선 후보 TV토론에서 이렇게 말했다.

"바둑을 배우고 싶으면 먼저 책을 10권쯤 사서 읽습니다."

간접 경험의 밀도란 폭과 깊이를 말한다. 폭은 간접 경험을 할 수 있는 접점의 원천들, 즉 책이나 신문, 유튜브, 세미나 등을 말한다. 깊이는 말 그대로 그 원천별로 심도 있게 알아야 간접 경험의 밀도를 높일 수 있다는 뜻이다.

통찰력 키우기는 다음 주제에서, 멘토의 지혜 빌리기는 이번 장의 마지막 주제에서 다루기로 한다.

08

통찰력은
어떻게 높일 수 있는가?

통찰력이란 '사물을 꿰뚫어 보는 능력'을 말한다. 좀 더 범위를 확장하면 '상대방의 속마음이나 고객의 내면에 잠재돼 있는 욕구를 읽어 내는 능력, 그리고 미래를 읽는 능력'을 말한다. 당신이 후회 없는 40대로 살기 위해서 필요한 능력 중 하나가 바로 통찰력이다. 통찰력이 뛰어날수록 성공 확률은 높아지고 실패에 따른 후회의 확률은 낮아지기 때문이다.

그럼 어떻게 해야 통찰력을 높일 수 있을까? 다음과 같은 5가지 레시피가 있다.

1. 이미 일어난 사실에서 어떤 징후를 읽었는지 리뷰해 보기
2. 일시적인 현상인지, 하나의 패턴인지 판단하는 노력
3. 자기 자신에게 수많은 질문 던지기

이미 일어난 사실에서 어떤 징후가 보였는지 리뷰해 보기

2019년 4월, 베트남 하노이에서 열린 북미 정상회담을 예로 들어 보자. 알려진 대로 이 회담은 시작 하루 만에 결렬됐다. 중요한 건 회담 결렬의 징후를 읽은 사람들이 있다는 것이다. 그들은 그 징후를 어떻게 읽었을까? 언론을 통해 전해지는 정보와 북미 양국 대변인, 우리나라 대변인들이 전하는 메시지를 통해서였다.

그러나 대부분의 사람들은 전혀 알지 못했다. 그렇다고 쉽게 포기하는 것은 바람직하지 않다. 하노이의 북미 정상회담을 예로 들면, 회담 결렬 이후라도 결렬을 암시하는 어떤 징후가 있었는지 리뷰해 보는 습관을 들여야 한다. 이런 리뷰 습관이 몸에 배면 최악의 선택을 피하는 대신, 신의 한 수가 될 선택을 할 가능성이 높아진다.

일시적인 현상인지, 하나의 패턴인지 판단하는 노력

2017~2018년에 서울과 수도권 일대의 아파트 가격이 폭등했다. 이후, 전국 주요 도시로 확산돼 2021년까지 지속되었다. 집 없는 서민, 특히

40대들에게 심리적 박탈감을 느끼게 하고도 남을 정도였다.

그렇다고 '내 집 마련은 이제 물 건너갔다'며 아예 포기해 버리는 건 바람직하지 않다. 집 값 상승이 일시적인 현상인지, 하나의 패턴인지 판단한 후, 대안을 세워야 한다. 그런 선택을 하는 사람은 비교적 이른 시간에 내 집 마련에 성공할 수 있다. 이러한 노력을 하다 보면 아파트 값 상승이 지속될 하나의 패턴인지, 일시적인 현상으로 끝나고 하락 추세로 바뀔 것인지 판단할 수 있는 통찰력이 생기기 때문이다.

그래도 상승과 하락 추세가 바뀌는 변곡점을 아는 건 그리 쉽지 않다. 그럼에도 불구하고 어떤 사람들은 제법 잘 알아채는 경우가 있다. 그들의 통찰력의 원천은 과연 무엇일까? 두 가지다. 하나는 대부분의 사람들과 반대로 간다는 것이고, 다른 하나는 TV 뉴스나 신문 1면 머리기사를 주목한다는 것이다.

'수도권 아파트값 하락폭 커져', '하우스 푸어, 깡통 아파트 다시 등장'과 같은 메시지가 TV나 신문의 메인 뉴스로 자주 등장하면, 수도권 아파트 값이 바닥 부근까지 왔다고 판단한다. 그렇다고 해서 조만간 상승할 거라고 섣부른 판단을 내리지도 않는다. 다음 단계의 시장 상황, 즉 '금리 인하', '정부, 부동산 투자 관련 각종 규제 완화'와 같은 뉴스가 자주 나오면 투자할 때가 다가오고 있다는 징후로 판단한다.

그래도 지금 사야 할지, 더 기다리는 게 좋을지 아는 것은 쉽지 않다. 전문가들의 말을 참조하면 되지 않느냐고 생각하겠지만 믿지 않는 게 좋다. 그들의 통찰력 또한 신통치 못한 경우가 대부분이었기 때문이다.

그러므로 스스로 상황을 판단하는 노력을 끊임없이 해야 한다. 결국 투자는 그들이 책임지는 것이 아니고, 내 스스로 책임지는 것이기 때문이다.

자기 자신에게 수많은 질문 던지기

"사람들은 핸드폰으로 사진 찍기를 원할까?"

"어떻게 하면 내 손 안에서 인터넷이 작동되도록 할 수 있을까?"

"이 건물에서 어린이집을 경영하면 잘될까?"

"이 자리에 정육점을 차리면 잘될까? 경쟁자가 들어온다면 어디에 몇 군데나 들어올까? 어떻게 대응하면 될까?"

이와 같이 자신이 하는 일과 관련한 질문을 스스로에게 던져보는 것이 좋다. 다른 사람들로부터 미쳤다는 소리를 들을수록 성공 확률은 더욱 높아진다. 일반인들과는 확실히 다르게 생각하고, 다르게 행동한다는 증표이기 때문이다.

처음에는 별다른 생각이나 답이 떠오르지 않는 경우가 대부분일 것이다. 그러나 반복하다 보면 획기적인 생각이나 아이디어가 떠오를 때가 있을 것이다. 빌 게이츠, 스티브 잡스 등도 이러한 방식으로 성공했던 대표적인 사람들이었다.

베이비 붐 세대를 예로 들어 보자. 그들에게 신의 한 수가 된 선택을 한 사람을 꼽으라면 부부 교사라고 답하는 이들이 많다. 62세까지 근무할 수 있는데다, 퇴직 후 부부 합산 연금이 월 7백만 원 정도 되기 때문이다.

그렇다면 컴인모인컴퓨터, 인터넷, 모바일, 인공지능 세대들에게 신의 한 수가 될 선택은 무엇일까? 사람마다 다르겠지만, 부부 교사라고 답하는 이들은 그리 많지 않을 것이다. 그렇다면 30여 년 후, 지금 한 선택이 신의 한 수였다고 말할 수 있으려면 어떻게 해야 할까? 그 방법 중 하나가 스스로에게 수시로 질문을 던지는 것이다. 가령, 다음과 같이 말이다.

"앞으로 인공지능과 로봇 산업은 어떻게 진화할까? 미래의 일자리에는 어떤 영향을 미칠까?"

"삼성전자는 20년 후에도 세계적 기업일까? 10년 내에 제2, 제3의 삼성전자가 나올 수 있을까? 있다면 어떤 회사일까? 왜 그 회사일까?"

"전기차 점유율이 50%를 넘기면 주유소는 어떻게 될까? 카센터는?"

"테슬라는 10년 후에도 전 세계 전기차 시장의 강자로 군림하고 있을까?"

물론, 질문만 던지는 것은 분명히 한계가 있다. 관련 기사도 읽고, 책도 많이 읽어야 한다. 그러면 자연스레 인공지능과 로봇이 인간 삶에 미치는 파급효과에 관한 통찰력을 얻게 될 것이다. 뿐만 아니라 미래의 유망한 직업은 무엇이고, 어떤 곳이 그런 직장이 될 것인지에 대한 통찰력역시 높아질 수밖에 없다.

호기심 갖기

보통 사람들은 돈을 많이 벌고 싶다는 막연한 생각만 한다. 그러나 부자들은 다르다. 그들의 머릿속은 '어떻게 하면 돈을 많이 벌 수 있을까?' 하는 구체적인 생각으로 가득 차 있다. 그래서 부자들은 일상에서 보고, 듣고, 읽고, 느끼는 사소한 것에 호기심을 가진다. 보통 사람들은 그냥 스쳐지나가는 일상에 대해서도 그들은 다음의 자수성가형 부자들처럼 항상 돈을 버는 것을 생각한다.

"김 지점장, 저기 새로 짓는 건물 보이지? 1층에 무슨 가게를 내면 장사가 잘될까?"

"왜요? 분양 받으시게요?"

"아니, 분양받을 건 아니고…….”

"사장님도 참, 분양받을 것도 아닌데 무슨 관심을 갖고 그러세요?"

"분양받을 건 아니지만, 어떤 업종이 장사가 잘될지 생각해 본 거야. 생각한다고 해서 돈을 내야 하는 건 아니잖아.”

이는 모 은행 지점장과 자수성가한 부자가 신축 중인 건물을 보고 나눈 내화 내용이다. 자수성가한 부자의 마지막 이야기를 듣고 나서 은행 지점장은 큰 깨달음을 얻었다고 한다.

'아, 부자들은 역시 다르구나. 분양받을 것도 아닌데, 어떤 업종이 장사가 잘될지 생각하는 것을 보면 말이야. 그래서 나 같은 사람은 평생 월급쟁이 신세를 벗어나지 못하나 봐. 난 신축 건물을 짓는 걸 봐도 그냥 아무 생각 없이 지나치는데.'

이처럼 부자들은 자신이 분양받을 건물이 아님에도 불구하고 관심과 호기심을 가진다. 상권 분석을 해보고 어떤 업종의 가게를 열면 장사가 잘될지를 생각한다. 돈 한 푼 안 들이고 건물이나 상가에 대한 투자 연습, 자영업 개업 연습을 하는 것이다. 이렇게 평소에 예행연습을 하다 보니 실제 투자 시에도 성공할 확률이 높은 것이다.

그러나 보통 사람들은 다르다. 투자하고 싶어도 돈이 없다며 주변의 괜찮은 상가나 건물을 보고도 별로 관심이 없다. 어떤 업종의 가게를 창업하면 잘될지에 대해서도 관심조차 없다. 그런 사람에게 현금 100억 원을 줄 테니 건물이나 상가에 투자해보라고 한다면 성공하겠는가?

이와 같이 부자들이나 부자가 될 가능성이 높은 사람들은 항상 돈을 많이 벌 수 있는 것에 호기심을 가진다. 신문이나 잡지, 인터넷이나 TV를 보다가도 자신이 들은 뉴스가 주식이나 펀드, 부동산, 금 등에 어떤 영향을 미칠지를 생각한다. 출퇴근을 하다가도 어떤 자리에 무슨 장사를 하면 좋을지 호기심을 갖는다.

이러한 호기심은 후회 없는 삶의 원천이자, 나만의 인생 반전 레시피가 된다. 현재와 미래를 꿰뚫어 보는 통찰력의 밀도를 높여주기 때문이다. 후회 없는 40대가 되려면 이러한 그들의 태도를 본받아야 할 것이다.

몰입

같은 교과서로 배우고 비슷한 스펙을 쌓아 취업한 후 결혼해서 애를 낳고 단란한 가정을 꾸린 사람들 대부분은 성실하게 산 사람들이다. 그러나 그들 대부분은 통찰력이 높지 않은 편이다. 그러다 보니 1998년 외환 위기, 2008년 미국발 금융 위기, 2017년부터 이어진 아파트 가격 폭등과 같은 충격에 제대로 대응하지 못했다. 오히려 큰 손해를 본 사람들이 대부분이었다.

반면에 어떤 사람들은 그들과 비슷한 길을 걸어왔음에도 불구하고 뛰어난 통찰력을 보인다. 재財테크에 관심 있는 사람들을 위해 이 분야에서 높은 통찰력을 보인 사례를 소개한다.

수도권 아파트 가격은 미국발 금융 위기가 터진 후부터 본격적으로 하락하기 시작했다. 당시 하우스 푸어라는 말이 유행할 정도였다. 그러자 다수의 부동산 전문가들이 "향후 우리나라 주택시장은 비관적이다"라는 주장을 폈다.

더 극단적인 전망을 내놓는 이들도 있었다. 그들은 "앞으로 수도권에서 아파트 등 주택 가격은 절대 오르지 않을 것이다. 아니, 우리나라에서 아파트와 주택시장은 이미 끝났다. 더 이상 투자할 만한 대상이 아니다"라는 주장을 폈다.

필자의 지인 중 부동산 분야에 통찰력이 높은 이가 있다. 그의 생각은 그들과 전혀 달랐다.

"아파트 가격은 수요공급의 법칙 같은 경제 원리가 작동하는 시장이 아니다. 정부의 정책적·심리적 요인에 많은 영향을 받기 때문에 절대 오르지 않는다고 단정할 수는 없다. 10년 안에 가격이 급등할 수도 있다"고 말했다.

실제로 그의 전망대로 2016년 이후 수도권의 아파트 가격은 상승하기 시작해 2021년까지 급등했다.

그는 어떻게 그런 통찰력을 갖게 됐을까? 몰입을 했기 때문이다. 그는 한 분야에 관심을 가지면 해당 분야의 책이라면 무조건 사서 읽는다. 관련 서적 한 권을 다섯 번 이상 읽는 적도 있다. 부동산 관련 정책과 뉴스, 전문가 칼럼, 아파트 가격에 직간접적으로 영향을 미치는 정보도 빼놓지 않고 저장해 둔다. 부동산 중개소도 수시로 방문해 현장의 체감경기도 느끼고, 고객의 소리도 듣는다.

그렇게 30여 년 동안 그는 부동산, 그중에서도 주택 분야에 큰 관심을 가지고 몰입했다. 그에게 한번은 이렇게 질문을 던졌다.

"앞으로 아파트 같은 주택시장은 어떻게 될까요? 지금은 폭락하고 있지만, 지난 2003년부터 2005년이나 2018년부터 2021년과 같은 급등기가 다시 올까요?"

그러자 그는 웃으며 말했다.

"이삼 년 후라면 몰라도 십 년 후 일을 제가 어찌 알겠습니까? 그건 아마도 신만이 아실 겁니다. 다만 저는 다음 3가지 주제에 대한 통찰력을 높이기 위해 노력해 보라는 말씀은 드릴 수 있습니다. 첫째, 우리나라가 십 년 후에도 성장형 경제 구조를 유지할 것이냐, 일본처럼 성장 정체형 경제 구조로 전환하느냐. 둘째, 정부의 주택시장 관련 정책의 방향성,

즉 금리, 대출 정책, 세금 정책, 공급 정책 등. 셋째, 국민의 인식 변화 말입니다."

주식, 금, 석유 같은 상품에 투자할 때나 자영업 개업을 준비할 때도 마찬가지다. 관련 분야의 책을 최소 열 권 이상 읽어 정보를 얻고, 멘토도 만나는 등의 방식으로 몰입을 하면 그 분야에 대한 통찰력을 높일 수 있다.

지금까지 언급한 5가지를 반복하면 당신도 틀림없이 통찰력 있는 사람이 될 수 있다. 보통 사람들은 잘 보지 못하고 잘 듣지 못하는 것들을 한 발 앞서 보고 들을 수 있는 현자로 만들어 주기 때문이다.

인생 반전의 한 수가 될
선택의 지혜

선택 기준의 중요성

인간이 평생 동안 하는 400만 번의 선택 중 가장 중요한 선택이 배우자 선택이고, 왜 그런지 앞에서 설명했다. 이번에는 상대가 결혼해도 좋은 사람인지, 아닌지 판단할 수 있는 선택의 기준에 대해 알아보자.

배우자를 선택할 때 이런 고민을 안 해 본 사람은 아마 없을 것이다.

'그 사람은 돈 못 버는 거 빼고는 다 좋은데, 결혼해도 좋을까?'

'성격이 비슷한 사람과 결혼하는 것이 좋을까?'

'부모의 반대가 심하더라도 그냥 결혼을 강행하는 게 좋을까?'

'평소 말수가 적고 무뚝뚝한데 결혼해도 좋을까? 조금 수다스런 사람이 낫지 않을까?'

이처럼 대부분의 사람이 배우자를 선택할 때 상대의 지적, 신체적, 경제적, 정서적, 관계적 능력 등을 고려한다. 고민의 밀도만 다를 뿐이다. 중요한 것은 이 5가지 능력을 어떻게 평가하고, 그 결과를 토대로 어떤 선택을 할 거냐는 것이다. 그래서 다음의 체크리스트를 제공한다. 우측 괄호란에 상대가 해당한다고 생각되는 점수를 체크하면 된다.

〈배우자 선택을 위한 10가지 체크리스트〉

·매우 그렇다(9~10점) ·그렇다(7~8점) ·보통(5~6점)

·그렇지 않다(4~5점) ·전혀 그렇지 않다(0~2점)

1. 정신적, 육체적으로 건강한가?( )

2. 매사에 긍정적이고 적극적이며 정직하고 성실한가?( )

3. 부지런하고 절약하는 생활습관을 가지고 있는가?( )

4. 평생 돈 걱정 없이 살겠다는 꿈과 목표가 확고한가?( )

5. 무언가를 탁월하게 잘하는 사람인가?( )

6. 돈 되는 징후를 읽는 안목이 뛰어나고 실제로도 잘 버는가?( )

7. 끊임없이 공부하고 될 때까지 몰입하는 사람인가?( )

8. 선택의 갈림길에서 상대가 내리는 판단이 옳은 편인가?( )

9. 나의 생각, 말투, 습관 등을 인정하고 존중할 줄 아는 사람인가?( )

10. 내 성격과 가치관, 우리 집의 문화 및 가치와도 잘 맞는가?( )

결혼은 시월드와 처월드 간 관계의 결합이다

다음은 부모의 반대를 무릅쓰고 결혼한 후, 1년여 만에 이혼한 현직 공무원 신유정(40세, 여성, 가명) 씨가 토해낸 후회담이다.

결혼 1년 만에 이혼한 신 씨는 결혼을 반대한 부모님 말씀을 듣지 않은 걸 몹시 후회하고 있다. 신 씨 부모님이 반대한 이유는 다음과 같았다.

"그 친구는 너와 어울리지 않는다. 하위권 대학을 나오거나 스포츠 센터 트레이너라는 직업이 미덥지 않아서 그런 게 아니다. 문제는 별다른 꿈이 없고, 가부장적인 가치관도 너무 강하다는 것이다. 남편이나 가장이랍시고 네 위에 군림하고 강요하며 통제하려 들 가능성이 높다. 시부모님 말에 무작정 복종해야 하고 명절 때면 시댁 주방에서 거의 모든 시간을 보내야 할 수도 있다. 연애와 결혼은 별개라는 말이 있다. 결혼하려는 청춘들에게 사랑이나 낭만만 먹고는 살 수 없는 게 인생이란 걸 깨우쳐 주기 위한 충고 아니겠니? 부모가 행복해야 내가 행복한 법이다."

이와 같은 부모의 반대를 물리치고 결혼을 강행한 신 씨! 그러나 그녀의 행복은 결혼 3개월을 넘기면서부터 금이 가기 시작했다. 시어머니의 지나친 간섭과 잔소리, 무시가 발단이었다.

"넌 쌀도 제대로 씻을 줄 모르니? 과일도 깎아보지 않고 결혼했어? 자고로 여자는 살림을 잘해야지. 가방끈만 길면 뭐하니?"라는 식의 말도 서슴지 않았다.

참다 못한 신 씨가 남편에게 이것을 이야기한 게 이혼의 도화선이 되었다. 남편의 반응은 다음과 같았다.

"시어머니한테 무슨 말을 그렇게 해? 너, 벌써부터 시어머니를 무시하는 거야?"

남편의 반응에 너무 실망한 신 씨가 반박을 하자 남편은 뺨을 때리는 폭력으로 반응했다. 충격을 받은 신 씨는 결국 6개월 동안 별거한 뒤 이혼했다.

주변을 둘러보면 신 씨와 같은 선택의 결과로 후회하는 이들이 많다. 그렇다면 신 씨는 앞서 소개한 〈배우자 선택 시 10가지 체크리스트〉 중 어떤 항목을 간과했을까? 8, 9, 10번이다. 그중에서 9번 항목이 가장 큰 요인이다. 시어머니의 비아냥대는 말투, 그런 시어머니의 편을 들며 신 씨의 뺨을 때린 남편 모두 신 씨를 존중하는 마음이 없었기 때문이다. 부모 반대가 심한 사람들이라면 결혼 전에 깊이 생각해봐야 할 사례가 아닐 수 없다.

연애는 한 남성과 한 여성간의 관계일 뿐이다. 하지만 결혼은 다르다. 시월드와 처월드 간 관계의 결합이다. 두 세상 사이에는 문화적, 경제적, 가치관의 차이가 존재한다. 위의 사례에서도 나타났듯이, 가치관이

다르면 생각이 다르다. 생각이 다르면 말이 다르고, 말이 다르면 행동 또한 달라지는 게 세상 이치다.

물론, 문화적인 차이가 존재하고 가치관이 다르다고 해서 모든 사람이 연애와 결혼을 별개로 봐야 한다는 말은 아니다. 상대방의 가치관, 생각, 말은 물론, 눈과 귀에 거슬리는 습관마저도 100% 존중할 자신이 있느냐, 나는 얼마나 존중받을 수 있느냐는 것이 선택의 기준이 될 수도 있다. 그런 확신이 드는 상대라면 결혼을 해도 좋다. 하지만 그렇지 않은 사람이라면 관계를 정리하는 게 좋다. 행복의 원천은 나 자신에게도 있지만, 결혼 상대 및 그와 가까운 사람들과의 관계에서도 존재하기 때문이다.

신의 한 수가 될 선택의 지혜

이번에는 다른 관점으로 생각해 보자. 그렇다면 체크리스트 10가지 모두 9~10점을 받은 사람을 우리는 선택해야 할까? 그럴 수만 있다면 금상첨화일 것이다. 그러나 그런 사람은 천연기념물이다. 나 또한 상대방의 선택을 받으려면 그에게서 좋은 평가를 받아야 한다는 문제도 있다.

체크리스트 10가지 중 우선순위 2~3개 정도에서 높은 평점을 받아도 크게 상관없다. 가령, 당신에게 돈이 가장 중요한 가치라면 4, 5, 6번 항목에서 각각 9~10점을 받은 사람을 선택하면 된다는 뜻이다.

그렇다면 신의 한 수가 될 배우자를 선택하기 위해 반드시 높은 평점을 받아야 할 항목은 무엇일까? 사람마다 가치관이 다르므로 정답이 있는 건 아니겠지만, 필자들은 1, 2, 5, 9번 항목 꼽는다.

10개 항목 모두 5점 이하의 낮은 평점을 받은 사람이라면 어떻게 해야 할까? 결혼하지 않는 게 좋다. 물론, "상대가 누구든, 그의 모든 것을 긍정하고 사랑하기에 포용해서 행복하게 살 자신이 있다"는 사람은 예외다.

배우자 외에도 신의 한 수가 될 선택을 해야 할 영역들은 많다. 어떤 사람은 배우자 선택 다음으로 '진로 및 직업 선택'을, 어떤 이는 '평생 돈 걱정 없이 살 준비 끝내기'를, 어떤 이는 '주변 사람과 좋은 관계 맺기'를 꼽을 것이다. 어떤 주제든 전혀 상관없다. 이 책 4개의 장에는 40대를 후회 없이 살게 해줄 선택 관련 레시피들을 여러 가지 소개하고 있기 때문이다.

경쟁력을 높이기 위해서는 남들보다 우월한 나만의 필살기를 갖춘 다음, 그 분야에서 탁월한 존재가 돼야 한다. 이런 존재가 되기 위한 프로세스로 필자들은 모방, 창조적 모방, 온리 원의 단계를 꼽는다.

이 책에 소개된 다양한 사례들의 단순 모방만으로도 당신은 얻는 게 많을 것이다. 그러나 그 정도만으로는 신의 한 수급 선택을 하기가 어렵다. 당신만의 콘셉트와 아이디어가 융합된 창조적 모방의 단계를 거쳐 온리 원으로 진화해야 가능하다.

10

멘토의
지혜 빌리기

걱정 마, 멘토에게 물어봐!

틀림없이 성공할 수 있을 거라고 판단해 투자를 하고 창업했는데, 실패한 사람은 어떤 선택을 해야 할까? 시간이 흐를수록 적자 폭이 커지는데도 미련을 버리지 못하는 사람은 어떤 선택을 해야 할까? 이런 경우, 멘토에게 도움을 청하는 것이 좋다. 외식업계의 스타 CEO로 명성을 날리고 있는 백종원 씨에게 도움을 요청한 어느 한 청년처럼 말이다.

백 씨가 요식업 입문 초기에 쌈밥집을 운영할 때의 일이다. 장사가 잘되자 고객들이 많이 찾아왔다. 그중에 한 청년이 있었다. 그는 매일 찾아와 쌈밥집 분점을 내고 싶다며 도움을 청했다. 당시 가맹점 사업 계획이 전혀 없었던 백 사장은 완곡하게 거절의 뜻을 밝혔다.

그러나 그 청년은 포기하지 않고 계속 찾아왔다. 결국 백 사장은 마음이 움직였다. 저 정도 열정이면 장사도 틀림없이 잘할 거라고 판단했다. 예상대로 청년이 창업한 쌈밥집 분점은 장사가 아주 잘됐다.

멘토의 어깨 위에 올라타라

당신의 시야와 경험, 실력만으로는 그 선택이 옳은지 여부를 판단하기가 쉽지 않을 때가 많다. 그런 상황에서는 멘토의 경험과 안목, 지혜를 빌리는 게 한 가지 방법이다. 위기 상황에서 한치 앞도 보이지 않을 때는 더욱 그렇다.

필자들이 공동 집필한 《노력의 분노》에는 은행을 다니다 그만두고 가죽 원단을 수입, 판매하는 업체를 창업한 정영준(가명, 59세) 씨의 사례가 나온다. 그는 창업 3년여 만인 1998년에 IMF 외환 위기를 맞으면서 부도 위기로 내몰렸다. 자포자기하며 하루하루를 보내던 중, 인도에서 보낸 소가죽 원단 샘플이 도착했다. 그러나 잘 팔릴지, 어떨지 미래를 전혀 예측할 수 없었다. 그는 결국 가죽 업계의 고수를 찾아가 자문을 구했고, 멘토의 도움을 받아 대박을 터뜨렸다.

어떤 사람이 멘토인가?

그렇다면 멘토는 어떤 사람이어야 할까? 그 분야의 성공과 실패의 징후를 읽는 혜안을 가진 진정한 고수여야 한다. 해당 분야 최고 전문가든, 부모와 형제든, 직장 상사나 선배든 그 누구라도 이 조건을 갖추었다면 멘토가 될 수 있다. 심지어는 친구도 멘토가 될 수 있다. 대학 동창으로 친구 사이인 박명수(가명, 48세)와 배형택(가명, 48세) 씨가 바로 멘토와 멘티 관계다.

평범한 직장인이었던 박 씨는 명예퇴직으로 등을 떠밀리는 게 싫어 스스로 사직했다. 그의 나이 43세 때였다. 가장으로서 돈을 벌어야 했던 그는 서울 송파구 A아파트 단지 내 지하 1층에 있는 상가를 분양받았다. 자영업 개업 시 임차료 부담을 없애는 동시에 가격 상승이라는 두 마리 토끼를 잡겠다는 선택이었다.

아파트 입주가 마무리될 즈음, 박 씨는 그 상가에 중저가 프랜차이즈 브랜드 피자 가게를 오픈했다. 처음 6개월 동안은 제법 장사가 잘됐다. 그렇게 단골 고객이 증가하고 신규 고객도 늘어난다면 월 천만 원 이상도 벌 수 있을 것 같았다.

그러나 박 씨의 바람은 희망사항일 뿐이었다. 개업발이 끝나서였는지, 상권의 한계였는지, 브랜드 파워와 맛이 약해서였는지 매출이 점차 정체되더니 적자가 나기 시작했다. 결국 개업 1년 만에 가게 문을 닫았다.

폐업을 하고 나서 박 씨는 친구 배 씨와 통화하면서 그동안 있었던 일들을 이야기해 주었다. 배 씨는 친구들 사이에서 '장사의 고수', 줄여서 '장고'로 불릴 만큼 의류, 음식점 등을 운영해 성공한 친구였다. 30년 동안 18번의 개업과 폐업을 반복한 경험치도 가지고 있었다.

전화 통화가 끝난 후 두 사람은 박 씨 소유의 상가에서 다시 만났다. 배 씨는 지하 1층부터 1층, 2층 상가까지 둘러보더니 박 씨에게 이렇게 말했다.

"명수야, 이건 내 생각이니 기분 나쁘게 생각하지 마. 이 지하 상가는 상권이 별로야. 개방형 상권이 아니라 폐쇄형 상권이라서 그래. 아마 상가 매매 가격이 분양가를 밑돌걸?"

배 씨가 이렇게 말하자 박 씨가 고개를 끄덕이며 말했다.

"맞아. 완전 족집게네. 친구들이 너를 왜 '장고'라고 부르는지 알겠다. 다음번엔 꼭 너와 상의해야겠다. 나의 멘토가 돼다오."

그 후 3년이 지난 어느 날, 두 사람은 경상남도 남해시에서 다시 만났다. 필자들의 공저 《인생 후반 어디서, 뭐하며, 어떻게 살지?》에서 던진 3가지 화두 중 '어디서 살 것인가?'를 고민하다가 우연히도 둘 다 남해를 선택했기에 이뤄진 만남이었다.

박 씨는 전원주택 단지로 조성된 '원예마을'에서 살고 있었다. 이주한 지 6개월 남짓이라 두 번째 화두인 '뭐하며 살 것인가'를 계속 고민 중이라고 했다.

배 씨는 2년 먼저 이주했다. A패션 브랜드 판매점을 아내와 같이 운영하면서 자신이 좋아하는 바다낚시를 원 없이 즐기며 살고 있었다. 저녁 식사를 하며 술잔을 기울이던 중 배 씨가 말했다.

"명수야, 원예마을 옆, OO인 마을 알지? 관광객이 많아서 그곳은 장사가 제법 잘돼. 몇몇 아이템을 추가하면 더 잘될거야. 마침 거기 상가가 매물로 나왔는데, 임대 조건이라 큰돈이 들어가지 않아. 네가 한번 해볼래?"

배 씨의 안목과 상권을 읽는 통찰력을 믿고 있던 박 씨는 그 자리에서 바로 오케이를 했다. 기존의 제품 라인에다 색다른 기념품 등 몇몇 아이템을 추가한 결과, 현재는 월 평균 천만 원 내외의 순수익을 올리고 있다.

멘토가 될 수 있는 그런 사람들과 평소 좋은 관계를 맺어 놓는 것도 매우 중요하다. 멘토든, 멘토가 되어 달라고 요청할 사람이든 온·오프라인 구별 없이 먼저 연락하는 게 좋다. 안부 전화만 자주 하라는 뜻이 아니다. 서로를 이어줄 스토리를 만들어야 한다는 말이다.

이처럼 멘토의 도움을 받으면 평생 후회할 선택을 피해갈 수가 있다.

전혀 보이지 않던 것들을 볼 수도 있다. 내 인생의 깜깜이 터널의 끝이 어디쯤인지, 어떤 분야에서 어떻게 노력해야 탁월한 존재가 될 수 있을 것인지, 언제쯤 다른 사람들 눈에도 탁월한 존재로 보일 것인지 등등.

어떻게 멘토를 만날 것인가?

"다 좋아요. 그런데 그런 멘토를 어떻게 만나죠?"라고 하소연하는 이들이 있다. 그렇게 소극적이어서는 안 된다. 멘토는 토정비결에서 말하는 귀인처럼 우연히 만날 수 있는 게 아니다. 스스로 만드는 것이다. 쌈밥집 분점을 창업한 청년이 백종원 씨를 자신의 멘토로 만든 것처럼 부지런히 찾아서 접근해야 한다. 삼고초려로 안 된다면 십고초려를 해서라도 말이다.

요식업이나 정육점 등 매장을 통한 비즈니스는 그런 멘토를 찾는 게 그다지 어렵지 않다. 그러나 주식이나 부동산 등의 경우에는 진정한 고수를 멘토로 만드는 게 매우 어렵다. 이런 경우, 어떻게 하면 좋을까? 평범한 직장인이지만 알부자로 소문난 김명석(가명, 남, 48세) 씨처럼 한번 해보기 바란다.

김 씨의 나이 삼십대 중반, 결혼한 지 3년이 지난 시절 이야기다. 우연히 자신이 신혼살림을 차린 바로 옆집에 부자가 살고 있었다. 그는 어떻게 하면 옆집 부자와 친해질까 많은 궁리를 했다. 그러나 쉽지 않았다. 그 부자를 찾아가 친해지고 싶다고 말할 수도 없는 노릇이었다.

그러던 어느 일요일 아침, 그가 등산을 가기 위해 집을 나섰을 때였다. 마침 옆집에 사는 부자도 등산을 나서고 있었다. 김 씨는 그날부터 그의 뒤를 따라 등산을 하기 시작했다. 우연을 가장한 계획된 접근이었다.

어쨌든 두 사람은 산에서 자주 얼굴을 마주치게 됐고, 얼마 지나지 않아 제법 친해지게 되었다. 친한 사이가 되다 보니 산을 오르내리면서 많은 얘기를 나눌 수 있었다. 자연스레 그로부터 돈을 벌고 투자를 하는 데 도움이 되는 정보를 듣는 기회도 많아졌다. 듣기만 한 게 아니었다. 좋은 정보가 있으면 알려달라고 요청도 했다. 물론 옆집 부자의 일거수일투족을 따라 하기 위해 많은 노력도 기울였다.

이렇게 십여 년이 지나자 어느 새 자신도 주변 사람들로부터 알부자란 소리를 들을 정도가 됐다.

역학 전문가, 그들도 멘토인가?

많은 사람들이 중요한 선택을 앞두고 역학인을 찾는다. 도대체 어떤 사람들이, 무슨 목적으로 그들을 찾는 것일까? 일반인들은 물론, 정치인, 연예인, 기업 오너, 개인 사업가 등 다양한 사람들이 역학 전문가를 찾는다.

그들을 찾는 목적은 대개 비슷하다. 미래의 선택을 위해서다. 이번 선거에 나가면 당선되겠느냐, 내년에 신곡을 발표할 건데 어떨 것 같냐, A라는 기업을 인수하려는데 어떻겠느냐, 아들이 의대에 지원했는데 합격할 것 같냐, 남편이 병원을 개원하려는데 잘될 것 같냐 등이 그들의 주된 관심사다.

다음은 김은영(가명, 43세) 씨가 청담동의 한 역술 전문가의 말을 듣고 큰 도움을 받은 사례다.

2019년 8월 초, 김 씨는 남편의 이비인후과 병원 개원 후보지를 서대문구에 있는 A마트 1층으로 확정했다. 남편의 개원 의지가 워낙 강했기 때문이다. 그러나 구두로만 계약 의사를 전달했다. "어디서 개원하든 2019년 이후가 좋다. 기왕이면 2021년 6월 이후가 좋다. 그래도 남편이 2019년 내에 개원하고 싶다면, 계약은 10월 중순 이후에 하는 게 좋다"는 역술인의 조언을 따랐다.

그런데 그 사이 예상치 못한 변수가 발생했다. A마트와 같은 건물에 있는 A몰에서 이비인후과와 소아과 입점 공고를 낸 것이다. 법인은 다르지만 A마트와 A몰은 같은 A그룹 계열사였다. 같은 건물 내에 경쟁 병원이 입점하면 어떻게 되겠는가? 예상 고객의 절반 정도는 이탈할 것이 뻔했다. 게다가 임대인은 비싼 임대료도 깎아줄 수 없다고 했다.

예상 고객 수를 따져 비용과 수익을 산출해 보니 모두 적자가 났다. 결국 김 씨는 미련 없이 계약을 취소했다.

만약 그 역술인의 조언을 무시했다면 어떻게 됐을까? 지금쯤 아마 속을 끙끙 앓고 있었을 것이다. 계약금을 포기하고 해약할 것이냐, 수익이 나기 어려운 줄 알면서도 개업을 강행할 것이냐는 선택을 놓고서 말이다.

그 뒤에도 김 씨가 그 역술인에게 고마워해야 할 일이 또 생겼다. 코로나 감염 위험이 높지 않던 2020년 1월 중순, 김 씨는 다시 그 역술인에게 조언을 구했다. "개원 후보지로 정말 좋아 보이는 건물이 있는데, 계약해도 될까요?"라고 물은 것이다.

그는 일언지하에 '노'라고 답했다. 그러면서 개원을 하려면 2021년 6월 10일 이후가 좋다고 했다. 이번에도 김 씨는 그의 조언을 받아들였다. 그 후는 설명하지 않아도 알 것이다. 이와 같은 김 씨의 두 번에 걸친 선택으로 남편은 팥으로 메주를 쏜대도 믿을 정도가 되었다.

사람들 중에는 역학 전문가들을 멘토라고 생각하는 이들도 있고, 그렇지 않은 이들도 있다. 누구의 생각이 옳다고 할 수는 없다. 그것은 각자의 판단에 맡기겠다.

어쨌든 많은 노력을 했는데도 선택을 잘 못하는 사람들은 멘토를 찾아 그들에게 도움을 받기 바란다. 그러면 언제, 어디서, 무슨 선택을 하든, 후회 없이 사는 데 큰 도움을 받을 수 있을 것이다.

모든 멘토가 족집게 도사인 것은 아니다

절실하게 노력했는데도 잘 안되는 사람들은 이처럼 멘토를 알아보는 안목을 키우고, 그들의 도움을 받기 바란다. 멘토의 지혜와 자신의 노력을 융합하면 나만의 인생 반전 레시피를 만들 수 있기 때문이다.

그러나 그 과정에서도 멘토의 조언을 검증하는 것은 반드시 필요하다. 거기에는 다음과 같은 3가지 이유가 있다.

첫째, 모든 멘토가 탁월한 존재인 것은 아니기 때문이다.

둘째, 멘토의 생각이나 판단, 선택이 언제나 옳은 것은 아니기 때문이다. 그도 사람이기에 예상치 못한 상황, 급변하는 주변 환경 등에 항상 옳은 선택만 하는 것은 아님을 알아야 한다.

셋째, 멘토가 자신의 경험이나 레시피를 모두 전수해줄 수는 없기 때문이다. 때로는 멘토가 2% 정도의 여백을 남겨두기도 한다. 이는 멘티의 경쟁력을 높여주기 위한 전략적 선택인 경우도 많다. 즉, 멘티로 하여금 자신만의 2%를 채우라는 메시지인 셈이다.

그러므로 멘토의 조언을 검증 없이 실행하는 것은 결코 현명하지 않다. 조언은 받되, 결국 선택은 나의 몫이라는 마음으로 임할 필요가 있다. 그래야만 후회하지 않는 선택, 신의 한 수급 선택을 통해 인생의 반전을 이룰 수 있을 것이다.

3장

어느 한 분야에서
탁월한 나 되기

01

하버드대 졸업장의
유효 기간

살면서 나름 열심히 노력하지 않는 사람은 거의 없을 것이다. 원하는 대학에 입학하기 위해, 원하는 곳에 취업하기 위해, 행복해지기 위해 자기 나름대로 열심히 노력했다고 자부할 것이다. 취업난이 심화하기 시작한 2000년대 이후, 우리 사회에서는 스펙 7종 세트니 9종 세트니 하는 신조어가 유행했다. 그런 스펙 쌓기 노력의 결과, 당시 20대 청춘들은 우리 역사상 최고 수준의 스펙을 갖춘 세대가 되었다.

나는 왜 갈수록 뒤처지는 걸까?

그 시기를 통과해 40대에 접어들었거나 코앞에 둔 사람들은 어떻게 살고 있을까? 명문대 출신이나 20대 초반부터 장사로 성공한 사람 중에는 자신의 스펙과 노력에 대한 자부심이 강한, 즉 '자기 우월주의'에 빠진 이들이 많다. 하지만 '땀은 결코 노력을 배신하지 않는다'는 말에 동의할 수 없다는 사람들도 점차 많아지고 있다. 이들은 "땀도 노력도 결국은 배신하더라"라고 말한다.

그렇다면 왜 그런 말이 우리 사회에 회자되고 있는 것일까? 일반 사기업에 다니는 직장인들의 경우, 대개가 정년 전인 40대부터 명예퇴직이나 희망퇴직을 종용받곤 한다. 그들 중 일부는 등 떠밀려 회사를 떠나는 게 싫어 스스로 먼저 사표를 던지기도 한다. 다음 사례의 주인공인 L사 부장 고진영 씨(47세, 가명)도 그런 고민을 하고 있는 중이다.

유명 대기업 L사 부장인 고진영(가명, 47세) 씨는 학창 시절 취업에 필요한 스펙을 만들기 위해 열심히 노력하는 오리지널 모범생이었다. 그런 노력 덕분에 고르고 골라서 굴지의 대기업인 L사에 입사했다. 입사해서는 삼포(퇴근 포기, 주말 포기, 가족 포기)맨으로 열심히 일했다.

회사에 대한 자부심도 대단했고, 연봉도 많았다. 친구들은 그런 고 씨를 부러워하기도 하고, 시샘하기도 했다. 그런 그가 회사를 그만둘 상황에 처했다. 대리, 과장 승진에서는 누락되지 않았으나 차장 승진 때는 1년을 기다려야 했고, 부장 승진 때는 3번이나 물을 먹은 후에야 승진할 수 있었다. 부장이 된 후, 고 씨는 이런 생각에 잠기는 날이 많아졌다.

'잘나가는 동기들에 비해 업무 성과에서 별 차이도 없는데, 왜 갈수록 뒤쳐지는 거지? 스펙이 못 미치는 것도 아니고. 그들보다 열심히 노력하지 않은 것도 아니잖아. 사내 정치를 잘 못해서 그런가? 도대체 뭐가 문제지?'

그렇다고 회사를 그만두지도 못하고 있다. 직장 선배나 동기들 중 호기 있게 회사를 그만둔 이들 대부분이 고전하고 있다는 소식이 들려오고 있기 때문이다. 그런 소식을 접하고 나면 고 씨는 다음과 같은 독백을 내뱉곤 한다.

'언제까지 다녀야 할까? 퇴직하면 뭐하며 어떻게 살지?'

고 씨의 고민은 크게 2가지다. 하나는 시간이 지날수록 경쟁에서 뒤처지고 있다는 것이다. 다른 하나는 스펙은 물론, 업무 성과도 동료들에 비해 결코 뒤지지 않는다는 자부심이 강해 '자기 우월주의'라는 늪에 빠져 있다는 것이다.

40대 직장인들 중에는 고 씨와 같은 상황에 처한 사람들이 많다. 그들이 경쟁에서 밀려나는 이유는 무엇 때문일까? 대부분은 다음과 같은 3가지 이유 때문이다.

첫째, 명문대 졸업 등의 스펙만 내세우는 '자기 우월주의'에 빠져 있다.

둘째, 탁월한 존재가 돼야 살아남을 수 있다는 걸 알지만, 도전하지 않는다.

셋째, 인생이 결국은 관계로 시작해 관계로 끝난다는 걸 뒤늦게야 깨닫는다.

40대 직장인이 10년간 꼭 이뤄야 할 제1순위

그렇다면 그들은 이 문제를 어떻게 풀어야 할까 고 씨와 같은 직장인을 중심으로 생각해 보자. 정신과에 가서 상담을 받고 우울증 치료라도 받아야 할까? 마음이 통하는 동료들과 술에 흠뻑 취해 "인생, 뭐 별거 있냐?"란 안주를 씹으면서 버틸 수 있을 때까지 버텨야 할까?

이런 접근법들은 미봉책에 불과하다. 근본적인 해결책을 찾아야 한다. 어렵게 생각하지 마라. 그런 상황을 역전시킬 명약이 있다. 바로 '탁월한 존재가 되는 것'과 '관계의 밀도를 높이는 것'이다. 관계의 밀도에 대해서는 4장에서 다루고, 이 장에서는 '탁월한 존재가 되는 것'에 대해 알아볼 것이다.

"하버드대 졸업장의 유효 기간은 5년이다"라는 말이 있다. 세계적인 명문대 출신이란 효과도 5년을 넘기가 어렵다는 뜻이다. 제 아무리 스펙이 좋아도 배우고 익히기와 관계를 소홀히 하는 사람은 경쟁력이 떨어질 수밖에 없다. 당신은 이 말이 던지는 의미를 곱씹어 작은 깨달음이라도 얻어야 한다. '40대 10년 동안, 나는 ○○분야에서 탁월한 존재가 되겠다'는 다짐을 해야 한다. ○○에 들어갈 단어는 무수히 많다.

예를 들어 보자. 'M&A', '자동차 디자인', '핸드폰 금형', '원가 절감', '부동산 경매', '코딩', '인공지능', '금 투자', '용접', '네일 아트', '히피 머리', '만두', '아귀찜', '초밥', '김밥' 등을 넣을 수 있을 것이다. 이 외에도 ○○에 들어갈 단어는 수천 개도 넘을 것이다.

물론, 선택과 관계 역량을 높이는 것도 40대를 후회 없이 살기 위해 꼭 필요한 레시피다. 그러나 1순위를 꼽으라면 바로 자신의 분야에서 탁월한 존재가 되는 것이다. 그렇다면 탁월한 존재가 되기 위해 갖춰야 할 역량은 무엇일까? 하버드대 졸업장과 같은 고스펙? 관계의 끝판왕? 아니다. 바로 '나만의 필살기'다. 필살기란 경쟁자를 이길 수 있는 '나만의 레시피'를 말한다. 이제부터 어떤 레시피를 어떻게 갖출 것인지 알아보자.

02

어설프게 잘하는 사람이 더 문제다

어설프게 잘하는 사람은 살아남을 수 있을까?

어디서 무슨 일을 하던 그 일을 잘 못하는 사람은 오래 하기 힘들다. 돈을 많이 버는 것 또한 어렵다. 그렇다면 어설프게, 어중간하게 잘하는 사람의 경우는 어떨까? 필자는 오히려 잘 못하는 사람보다 그들이 더 큰 문제라고 생각한다.

직장인을 예로 들어보자. 어중간하게 잘하는 사람의 경우, 평상시에는 큰 문제가 일어나지 않는다. 그러나 기업에서 수익성이 악화되거나 대규모 인력 감축기가 되면 상황이 완전히 달라진다. 구조조정이 본격화되면서 그들 역시 일터를 떠나야 한다. A은행 진영식 차장(46세, 가명) 같은 직장인들이 대표적인 예라 할 수 있다.

2022년 4월, 여의도 윤중로에 벚꽃이 눈처럼 흩날리던 날, 진 차장은 심각한 표정으로 본부장과 마주 앉았다. 본부장은 이번에는 조건이 역대급으로 좋다며 희망퇴직 얘기를 다시 꺼내들었다. 진 차장은 퇴직할 의사가 없다는 뜻을 분명하게 전한 후 자신이 왜 희망퇴직 대상자가 되었는지 따졌다. 목표 달성을 위해 자신은 정말 열심히 뛰었다는 말과 함께 거의 매년 영업 목표를 달성했다는 점도 재차 강조했다.

그러나 본부장은 지난번보다도 더욱 완강했다. 진 차장이 더이상 버텨내기 어려운 말도 던졌다.

"진 차장, 왜 자네가 희망퇴직 대상자가 된 줄 알아? 자네 말대로 최근 3년간 인사고과에서 상위 30% 안에 들었으니 업무 성과가 부진해서는 아니네. 그러나 그 정도로는 부족하네. 차장급은 상위 20% 안에 들지 못하면 모두 대상이 됐네. 물론, IT와 환율, 채권 투자 등과 같이 일부 전문 분야는 예외가 되긴 했지만."

인공지능, IT 기술의 발전, 코로나 팬데믹 등의 영향으로 비대면 온라인 금융 거래가 가속화되자 은행들이 대규모 희망퇴직을 실시했던 때의 사례다.

환경 변화를 이겨낼 수 있는 생존의 조건

이 사례는 우리에게 많은 시사점을 준다. 그중 하나가 이전의 구조조정과 달리 이제는 일을 잘하는 사람들도 속수무책으로 내몰릴 수 있다는 것이다. 이제는 정말 탁월하지 않으면, 언제든 퇴출 대상이 되기 쉽다. 차라리 평균 이하의 평가를 받는 사람들이 더 나을 수도 있다. 그들은 비교적 쉽게 미련을 내려놓을 수 있다. '여기서 이 일로는 힘들겠구나!'라는 생각이 오히려 전화위복의 계기가 될 수도 있다.

앞으로는 어떤 분야든 경쟁이 격화될 수밖에 없다. 그 경쟁은 피할 수 있는 게 아니다. 인공지능과 로봇, IT 기술의 발달로 기존의 일자리들이 순식간에 사라질 것이다. 토큰의 등장으로 순식간에 사라진 버스 안내양, 핸드폰의 등장으로 자취를 감춘 공중전화와 삐삐, 인터넷 뱅킹으로 대폭 줄어든 은행 영업점과 창구 직원들처럼.

이 외에도 일자리가 대폭 줄어들 분야는 무수히 많다. 당신은 이러한 환경 변화에서도 생존하고 성장을 지속하는 길을 찾아야 한다. 다음과 같은 3가지 길 말이다.

첫 번째, 환경 변화에 의해 만들어질 새로운 일자리를 갖는 것이다. 예를 들면 인공지능 최고 전문가, 코딩 전문가, 무인 자동차 설계 전문가, 전기차 엔지니어, 무인점포 시스템 구축 전문가, 보안 관리자 등과 같이 새로 창출될 일자리를 미리 공부해 선점하는 것이다. 그러나 40대 이상 세대가 이와 같은 새로운 일자리를 갖는 것은 쉽지 않다. 기본적으로 이삼십대에 비해 새로운 기술의 학습 능력이 떨어지기 때문이다.

두 번째, 어떤 분야에서 무슨 일을 하든 탁월한 존재가 되는 것이다. 그런 존재가 되지 못하고 어설프게 잘하는 상태에 머문다면, 어디서 무슨 일을 하든 경쟁 상대에게 밀려날 가능성이 높다.

자영업자나 프리랜서, 다양한 상품을 판매하는 영업인과 서비스인들 역시 마찬가지다. 탁월한 존재, 즉 그 누구 혹은 그 무엇과도 대체가 불가능할 정도로 탁월한 존재가 되지 못한다면 그 누구라도 살아남기 어려울 것이다.

세 번째, 신기술의 영향을 덜 받는 일을 선택하는 것이다. 나만의 레시피를 가진 요리사, 헤어 디자이너, 작곡가, 화가, 작가 등과 같은 일들 말이다. 음식점을 예로 들어보자. 음식 서빙이나 주문, 계산, 주방 설거지 같은 일들은 점차, 또는 어느 시점에서 순식간에 인공지능이나 로봇으로 대체될 것이다. 반면에 맛을 내는 레시피를 가진 요리사는 다르다. 인공지능이나 IT 기술로 이를 따라잡는 것은 결코 쉽지 않을 것이다.

신기술의 발전으로 사라질 분야에서 '탁월한 나'가 되겠다는 생각은 큰 후회를 부를 수 있다. 그러므로 다가올 미래에 대한 선택을 지금 잘해야 할 것이다.

03

잘하는 사람은 많아도
탁월한 사람은 많지 않다

결국 1%만 살아남는다

우리 사회 곳곳에서 '노력의 분노'니 '노력의 배신'이니 하는 말로 허탈감을 토해내는 사람들이 많아지고 있다. 그들이 후회하지 않는 길 역시 마찬가지다. 자신의 현재 영역이든, 다른 영역이든 다른 사람으로 대체 불가능한 탁월한 존재가 돼야 한다.

직장인의 예를 들어보자. 입사 동기가 100명이라면 1명 정도가 회사의 꽃이라는 임원이 된다. 그렇다면 부장은 몇 명이나 될까? 10명 내외가 될 것이다. 경쟁에서 밀려 부장이나 임원이 되지 못한 이들이 자신의 직장생활에 대해 후회 없는 여정이었다고 말할 수 있을까? 어중간하게 잘하는 직장인들에게 필요한 것은 상위 10~20%가 아니다. 언제나 최상위 1% 이내에 들 수 있어야 한다.

40대에 퇴직한 후, 자영업 개업을 꿈꾸며 준비 중인 사람도 마찬가지다. '이 정도면 되지 않을까?'라는 어설픈 각오와 준비만으로는 살아남기 어렵다. 탁월한 존재가 될 자신이 있고, 그런 준비가 완벽하게 된 경우에만 개업하는 게 답이다. 이에 대해서는 이번 장의 10번째 주제에서 구체적으로 다루도록 하겠다.

특고 · 프리랜서로 성공하려면

은행이나 증권, 보험사, 대기업 등에서 근무하다 보험 영업인으로 변신한 40대가 있다. 그가 좋은 성과를 올리려면 어떻게 해야 할까? 먼저, 대부분의 보험 영업인처럼 전 직장의 고객들과 지인 등 자신의 인맥에 접근하는 방법이 있다. 다음 단계는 그들에게 보험 상품을 판매하거나 가망고객을 소개받는 것이 있다.

그러나 그 정도로는 부족하다. 인맥의 폭이 넓은 사람이라도 얼마 지나지 않아 밑천이 바닥을 드러낼 것이기 때문이다. 이런 경우 해법은 무엇일까? 인맥의 밀도, 즉 폭과 깊이를 대폭 업그레이드해야 한다. 인맥의 밀도가 높은 수준이라고, 이 정도면 잘하는 거라고 만족해서는 안 된다. 전문가를 넘어 탁월한 수준에 도달해야 한다.

정수기나 자동차, 다단계 영업인 등 모든 프리랜서 영업인 역시 마찬가지다. 가령, 고객이 스스로 찾아오도록 만드는 것이 대표적이다. 그럼 어떻게 해야 그런 수준에 도달할 수 있을까? 여러 방법들이 있다. 이에 대해서는 4장에서 자세히 다룰 것이다.

어떻게 하면 탁월한 부동산 중개인이 되는가

다음으로 부동산 중개인을 예로 들어 보자. 먼저 잘하는 부동산 중개인이 아니라 탁월한 부동산 컨설턴트라는 평판을 얻어야 한다. 탁월함을 넘어 온리 원이라는 명성을 얻을 수 있다면 금상첨화다. 이를 위해서는 다음과 같은 4가지 레시피가 있다.

첫째, 부동산 절세 컨설턴트가 되는 것을 강추한다. 부동산 중개인이라면 세무사나 회계사를 능가할 정도로 양도소득세, 종합부동산세, 재산세, 상속세 등 부동산 관련 세법에 탁월한 전문가가 돼야 한다. 전문가들에게 의뢰하면 된다고 생각하는가? 실제로 그렇게 하는 부동산 중개인도 많다. 하지만 그런 중개인을 보며 고객은 어떤 생각을 할까?

'원스톱 쇼핑'이란 게 있다. 고객은 한 곳에서 모든 제품을 구매하기를 원한다. 그래서 백화점, 대형 마트가 등장한 것이다. 부동산 매매나 투자도 마찬가지다. 고객들은 부동산 관련 세금이든, 부동산 투자 정보든 한 곳에서 해결하기를 원한다.

둘째, 부동산 투자 컨설턴트가 되는 것도 방법이다. 스위스 은행들의 PB Private Banker: 고액 자산가들의 자산을 관리해주는 은행원을 말함들은 고액 자산가들의 금융자산만 관리해주는 게 아니다. 부동산 투자, 절세 방안에 대한 조언은 물론, 윔블던 테니스 결승전 티켓 등 개인적인 문제도 해결해 준다.

부동산 중개인에게 그 정도까지 하라는 것은 아니다. 우리나라 사람들의 부동산에 대한 평균적인 로망집 1채, 임대 수익이 나는 오피스텔이나 상가, 또는 작은 건물, 주말 농장 용도의 200~300평 정도의 땅, 소요 자금마련 플랜을 실현해주는 정도는 돼야 한다는 것이다.

셋째, 생활 풍수 컨설턴트가 되는 건 어떨까? 사려는 아파트나 임차하려는 점포가 왜 풍수지리적으로 명당인지, 가구 배치를 어떻게 하는 게 돈도 잘 벌 수 있고, 건강에도 좋은지 말해주면 더 잘 팔리지 않을까? 그렇게 하면 다른 지역에서 부동산을 살 때도 와서 봐달라고 요청하지 않을까?

넷째, 고객 및 잠재고객과의 네트워킹이다. 부동산 투자자든, 자기 집을 사려는 실수요자든 구매 희망자들이 가장 원하는 것은 바로 정보다. '5년 내, 내 집 마련 연구회' 등과 같은 소그룹 연구회를 만들어 월 1~2회 정도 향후 부동산 전망과 투자 전략 등의 정보들을 교류 형태로 운영하면 어떨까?

부동산 중개 시장은 경쟁이 과열된 시장이다. 누구도 경쟁을 피해갈 수 없고, 통제할 수 없는 변수도 많다. 이러한 경쟁에서 살아남고 돈도 벌려면 '경쟁력 있는 탁월한 나'로 변신하는 것뿐이다. 그러기 위해서는 '탁월한 부동산 중개인'으로 자신의 브랜드 파워를 키우고, 대체 불가능한 독보적인 중개인으로 명성을 날려야 한다. 그 방법 중 하나가 매물이나 부동산 관련 정보 제공 서비스와 위에서 예로 든 4개의 레시피를 융합하는 것이다. 그 융합 레시피를 유튜브를 통해 알려보는 건 어떨까?

21세기는 융합의 시대다. 스마트폰과 같은 상품만이 그 대상은 아니다. 특고·프리랜서·부동산 중개인·자영업자의 서비스도 마찬가지다. 그들이 40대를 후회 없이 살 신의 한 수가 될 선택은 특정 영역에서 탁월한 존재가 되는 것임을 반드시 기억해야 할 것이다.

04

'탁월한 나'가 되기 위해
꼭 필요한 레시피

제2의 스티븐 스필버그가 살아남는다

지금까지 일자리를 두고 이루어진 경쟁은 대부분이 사람들 간의 문제였다. 특정 분야에 대한 지식과 경험, 조직 구성원으로서의 자격 조건 등에서 다른 사람보다 낫다는 평가를 받으면 경쟁에서 이길 수 있었다.

지금은 어떨까? 상황이 점점 어려워지고 있다. 기존의 경쟁자들 외에 인공지능과 로봇, IT 기술이라는 신무기로 무장한 제4의 경쟁자들이 일자리를 위협하고 있기 때문이다. 참고로 제1의 경쟁자는 동종 업계의 경쟁자, 제2의 경쟁자는 대체 가능형 경쟁자, 제3의 경쟁자는 온라인 기반의 경쟁자를 말한다. 최첨단으로 이루어진 제4의 경쟁자들과 경쟁에서 살아남으려면 어떻게 해야 할까? 어설프게 잘하는 수준으로는 안 된다. 한 분야에서라도 탁월한 수준에 이르러야 한다.

인류 최고의 천재로 불렸던 아인슈타인에 대해 알고 있는가. 그는 수학과 물리를 제외한 다른 과목에서는 거의 낙제 수준이었다. 현존하는 최고 영화감독인 스티븐 스필버그 역시 마찬가지였다. 그도 공부는 언제나 낙제 수준이었다. 하지만 상상력만큼은 정말 독보적이었다. 그 상상력을 영화에 투영한 결과, 그는 불후의 명작들을 숱하게 탄생시켰다.

당신도 마찬가지다. 어설프게 이것저것 잘하는 것보다 일의 범위를 좁혀서 그 분야에 탁월한 존재가 되어야 한다. 그래야 최소한 살아남을 수 있고, 후회 없는 삶을 살 수 있다.

마흔의 나는 탁월한 존재인가?

그럼 어떻게 해야 그런 탁월한 존재가 될 수 있을까? 먼저 지난 20여 년 간 나는 어땠는지 생각해볼 필요가 있다.

'40대 직장인인 나! 현재 영역에서 탁월하다고 자부하는가? 인정받고 있는가?'

'40대 자영업주인 나! 차원이 다른 탁월한 맛집 또는 가게로 명성을 날리고 있는가?'

'40대 영업인인 나! 고객들로부터 비교 불가한 탁월한 존재로 인정받고 있는가?'

그렇지 않다는 사람이 대부분일 것이다. 탁월한 존재란 노력한다고 해서 누구나 이룰 수 있는 게 아니기 때문이다. 수천, 수만 번 실패하더라도 포기하지 않고 될 때까지 도전하는 사람들만이 오를 수 있다.

그러니 이제부터는 만 가지 기술을 익히는 대신 한 가지 기술을 만 번 익히는 사람이 되어야 한다. 21세기에는 더욱 그렇다. 어떤 분야든 자신만의 경쟁력 있는 필살기, 즉 나만의 레시피를 갖춘 사람이 살아남는다.

'탁월한 나'가 되기 위해 꼭 필요한 레시피

나만의 필살기나 레시피를 말하면 지레 겁부터 먹는 사람이 많다. 특별히 잘하는 게 없다는 사람이 대부분 그런 반응을 보인다. 그러나 걱정하지 마라. 인생 반전 레시피의 원천은 우리 주변에 수없이 널려 있다. 대학을 나오고 박사 학위를 가진 사람들만의 전유물도 아니다. 용접, 보일러 시공, 도배, 최신형 자동차나 TV, 정수기 등 고유 기술과 관련된 필살기도 많다. 피아노, 바이올린, 그림 등 예술 분야나 예능, 스포츠 분야도 마찬가지다.

그 수만 개의 인생 반전 레시피 원천들 중 자신이 잘하는 일 오직 한 가지에 40대 10년을 올인한다면 어떤 결과를 얻을까? 탁월한 존재로 우뚝 설 것이다. 그리고 그보다 훨씬 큰 선물도 받을 수 있다. 이후 50년이 편하다는 선물 말이다.

이렇게 탁월한 존재가 되기 위한 단계별 미션은 다음과 같은 것이 있다.

1. 꿈과 목표

2. 선택

3. 노력(배움, 공부, 연구, 연습)

4. 다르게 하기

5. 될 때까지 하기

"뜻이 있는 곳에 길이 있다"고 했다. 무엇보다도 현재 하고 있는 일로든, 새로운 일로든 탁월한 존재가 되겠다는 명확한 꿈과 목표가 있어야 한다. 직장인에게 중요한 외국어 능력을 예로 들어 보자.

영어를 잘하는 사람이 좋은 평가를 받던 시절이 있었다. 그러나 지금은 아니다. 영어를 잘하는 사람이 흔할 정도로 많아졌기 때문이다. 어학 능력으로 경쟁하기 위해서는 다음과 같은 꿈과 목표를 가져야 한다.

'40대 10년 동안 영어는 탁월하게 잘하겠다. 영어 외에도 몇 개의 외국어를 탁월하게 잘하는 존재가 되겠다.'

두 번째 미션인 선택은 왜 중요할까? 한 번의 선택이 40대는 물론, 그 후 50여 년의 삶에 영향을 미치기 때문이다. 대부분의 사람들은 하고 싶은 일, 좋아하는 일, 현재 하고 있는 일을 선택한다. 그러나 필자들은 가장 잘하는 일, 가장 잘할 수 있는 일, 경쟁이 없거나 있어도 압도할 수 있는 분야의 일을 하라고 강조하고 싶다. 만약 류현진이 축구를 좋아해 축구 선수의 길을 선택했다면 월드 클래스 반열에 오를 수 있었을까? 손흥민이 야구를 좋아해 야구 선수의 길을 선택했다면 어땠을까? 류현진은 야구, 손흥민은 축구를 가장 잘했고, 가장 잘할 수 있는 재능도 갖고 있었음을 기억할 필요가 있다.

세 번째 미션인 노력도 매우 중요하다. 노력에 관해서는 이번 장 뒷부분에서 자세히 다루도록 하겠다.

네 번째 미션은 다르게 하는 것이다. 보통은 남과 다르게 하는 것에 신경을 많이 쓴다. 이때 활용 가능한 전략이 바로 창조적 모방이다. 남의 것을 모방하되, 그 안에 나만의 기술이나 아이디어를 융합해 새로운 레시피를 창조해 내는 것을 말한다. 예를 들어 보자. 자동차는 벤츠의 창업자인 칼 벤츠가 마차를 창조적으로 모방해 만든 제품이다. 말 대신 가솔린 엔진을 동력원으로 대체하는 방법을 통해 개발했던 것이다.

다섯 번째 미션인 될 때까지 하는 것도 매우 중요하다. 한국 축구의 떠오르는 별로 불리는 이강인의 성공 레시피 중 하나도 바로 될 때까지 하는 것이었다. 그는 2022년, 한 먹방 프로그램에 출연해 다음과 같은 대화를 주고받았다.

"골을 넣을 수 있는 찬스에서 넣지 못했을 때 어떻게 하시나요?"

"넣을 수 있게 될 때까지 연습합니다."

필자들도 탁월한 존재가 되겠다는 꿈과 목표를 가지고 있다. 100만 부 이상 팔리는 책을 공저로 출간하겠다는 것이다. 지금까지 《인생 후반, 어디서 뭐하며 어떻게 살지?》 등 6권의 책을 공저로 출간했다. 필자들은 다짐했다. 100만 부 넘게 팔리는 책을 출간하기 위해 될 때까지 다르게 하기로. 그렇게 하다 보면 언젠가 그 꿈이 꼭 이루어질 것이다.

05

40대에 누구나
꼭 들어야 하는 인생 보험

40대 전업 맘, 김영희 씨의 아주 특별한 보험

40대 10년은 어떻게 사는 게 좋을까? 정해진 답은 없다. 사람마다 인생관이 다르기 때문이다. 그래도 많은 사람들이 동경하는 삶은 있다. 1장에서 언급했듯이, 원하는 사람과 살고 싶은 곳에서, 내 멋대로 원 없이 후회 없이 사는 삶 말이다. 그런 삶을 살기 위해서는 필요한 것이 있다. 미래의 불확실성에 대비해야 한다는 것이다. 다음은 결혼 후 육아를 위해 직장을 그만둔 전업 맘 김영희(가명, 당시 47세) 씨의 사례다.

김 씨는 다니던 직장을 30대 초반에 그만두었다. 세 자녀의 육아를 위해서였다. 여느 전업 맘들처럼 아이들과 남편 뒷바라지를 하느라 하루가 어떻게 가는지 모르게 정신없이 지냈다. 셋째가 대학을 입학하고 나서야 비로소 여유가 생겼다.

그렇게 1년쯤 지난 어느 날, 국내 식품 대기업 B사를 다니던 남편이 회사를 그만두어야 할 것 같다는 얘기를 불쑥 꺼냈다. 김 씨는 "아니, 자기 나이가 몇인데 그만둬. 정년이 55세니까 앞으로도 7년이나 남았잖아"라고 말했다.

남편은 부장 승진에서 3번 이상 누락되면 스스로 사직서를 내는 게 회사 분위기라며 버텨도 1년을 넘기기가 어려울 것 같다고 했다. 남편은 그로부터 2년 후 회사를 그만두고서 우유 대리점을 차렸다. 김 씨의 나이 47세 때였다.

그러나 우유 대리점은 김 씨 부부에게 2가지 고민을 안겨줬다. 하나는 수익이 적다는 것이었다. 김 씨 가족 생활비 정도다 보니 저축할 여력도 없었다. 자녀 셋의 결혼 자금과 김 씨 부부의 노후 자금은 생각조차 할 수 없었다. 처음이니까 열심히 판로를 개척하면 나아질 거라고 생각했지만 오산이었다. 다른 하나는 일이 고된데다 판매원 관리에도 스트레스가 많다는 것이었다.

김 씨는 위기의식을 느꼈다. 무언가 대비해야 한다고 생각했다. 석 달 가량 고민하다 내린 결론은 '이럴 때를 대비해 3년여 동안 개발해온 한정식 레시피를 완성하자'는 것이었다. 그 후 김 씨는 메뉴와 레시피 완성에 1년을 더 공들였다. 그런 다음,

서울 목동에 식당을 오픈했다. 그녀의 나이 50세 때였다. 수익은 어땠을까? 모든 비용을 제외하고도 언제나 월 천만 원 이상을 찍었다.

40대에 대체 불가능한 맛집이 되겠다는 꿈과 목표를 설정하고, 자신만의 한식 요리 레시피를 개발해 성공한 사례다. 자영업 개업 계획이 있는 사람들이라면 반면교사로 삼아야 할 사례가 아닐 수 없다.

40대라면 들어야 힐 인생 보험

대부분의 40대는 암 보험이나 연금 보험, 실손 보험 중 1~2개 정도는 가입했을 것이다. 그들은 왜 보험에 가입했을까? 지인의 권유도 있었겠지만, 미래의 불확실성에 대비한다는 목적이 더 컷을 것이다.

서문에서 강조했듯이, 40대는 불확실성으로 인한 불안감이 정점에 이르는 시기다. 문제는 일반 보험 상품과 달리 인생의 불확실성에 대비해 '인생 보험'에 가입한 사람이 아주 적다는 것이다. 이런 관점에서 보면, 김영희 씨 사례는 40대들에게 중요한 삶의 지혜를 깨닫게 해준다. 가장의 예기치 못한 실직이나 사업 실패에 대비해 '인생 보험'에 필수적으로 가입해야 한다는 사실을 일깨워 준다.

그렇다면 40대에 꼭 가입해야 할 '인생보험'은 무엇일까? 그들이 미처 생각하지 못하고 있는 보험 상품, 바로 '나만의 인생 반전 레시피 만들기'란 상품이다. 이것이야말로 모든 40대가 0순위로 들어야 할 보험 상품이다. 특히, 40대 전업 맘들이라면 반드시 들어야 한다. 남편의 실직이나 폐업으로 가계가 어렵게 됐을 때 최고의 대안이 될 수 있기 때문이다.

06

선생님은 마음으로
가르치시잖아요

어느 한 분야에서 탁월한 존재가 되는 것은 어렵고도 쉬운 일이다. 그게 쉬운 일이라는 말에 공감이 가지 않는다면 다음 사례로 등장할 수학 과외 쌤을 참고하기 바란다.

탁월한 존재가 되면 나타나는 일들

탁월한 경지에 오르면 무슨 일을 하든 고객들이 스스로 찾아온다. 감동받은 고객이 주변 사람에게 추천해 주고 그 명성이 전파되기 때문이다. 놀라운 사실은 대를 이어 찾는 고객들까지 있다는 것이다. 자, 그럼 서울 송파구에서 30년 넘게 수학 과외를 하고 있는 주인공 이명희(가명, 66세) 씨를 만나보자.

이 씨는 서울의 한 여고에서 수학 교사로 재직할 때 남편과 결혼했다. 그러나 아들과 딸 출산 후 육아를 위해 학교를 그만두었다. 딸이 중학생 되던 해에 첫 과외를 시작했다. 그녀의 나이 41세, 결혼한 지 14년 째 되던 해였다.

남편이 돈을 잘 벌었기에 가계에 보탬이 되게 하려고 시작한 것이 아니었다. 2가지 이유가 있었다. 하나는 가르치는 걸 무척 좋아하는 성격 때문이었고, 다른 하나는 40대를 의미 있게 보내야 50대 이후의 삶을 가치 있고 보람되게 보낼 수 있겠다는 생각이 들었기 때문이다.

그녀 인생에도 몇 개의 주춧돌이 있었다. 그중 하나가 수학 교사로 일했다는 것이었다. 그러나 자녀와 남편을 위해 그 일을 포기했다. 그녀가 고민 끝에 생각한 것은 '수학 과외 쌤'이었다.

중간에 여러 번 그만두려 했지만, 결국 그만두지 못했다. 이 씨에게 자녀의 수학 과외를 받은 엄마들이 이런 말을 하면서 자녀들을 더 가르쳐 달라고 간곡하게 부탁했기 때문이다.

"선생님은 귀에 쏙쏙 들어오게 가르쳐 주신대요."

"우리 수경이, 수철이가 SKY 대학에 갈 수 있었던 건 다 선생님 덕분이에요."

"은영이가 시험 볼 때마다 수학 성적이 올랐다며 고딩이 돼도 선생님한테 배우고 싶대요."

"선생님 덕분에 우리 선일이가 수능에서 수학 만점을 맞았어요. 조카딸도 좀 부탁드려요."

탁월한 수학 과외 쌤, 이명희 씨만의 성공 레시피

이처럼 이 씨에게 자녀의 수학 과외를 맡긴 엄마들은 만족도가 아주 높았다. 더 놀라운 건 과외를 받은 중고딩들의 만족도가 오히려 엄마들보다 더 높다는 것이었다. 그 비결은 무엇이었을까? 첫 번째는 본인 역시 끊임없이 공부한다는 것이었다. 이 씨에게 수학 과외를 의뢰하는 그룹은 3개 정도였다. 수학 실력이 중하위권인 C그룹, 중상위 10~30% 정도인 B그룹, 상위 5% 안팎의 A그룹 등이었다.

이 씨는 그룹별로 교수 목표를 다르게 설정했다. C그룹 학생들에게는 수학에 대한 두려움을 없애고, 흥미를 갖게 하려고 노력했다. 반면, B그룹 학생들에게는 칭찬과 동기부여가 될 말들을 자주 건넸다. 자신감을 불어넣어 주려는 의도에서였다. A그룹 학생들에게는 문제를 푸는 과정에서 범하기 쉬운 포인트 등을 짚어주었다. 놀라운 점은 이렇게 가르치기 위해 이 씨 자신도 매일 7~8시간씩 공부했다는 것이다.

두 번째는 과외 받는 학생들을 마음으로 가르치려고 노력했다는 것이다. 2021년 11월에 이 씨는 대치동에 사는 70대 어르신의 전화를 받았다. 25년 전, 막내딸의 수학 과외를 의뢰했던 분이었다. 그분은 이 씨에게 곧 중2가 될 자신의 큰 외손녀에게 수학을 가르쳐 달라고 요청했다.

이 씨는 이를 완곡하게 거절했다. 주중에는 시간을 내기가 어렵고, 할머니인 과외 쌤을 누가 좋아하겠냐는 말을 덧붙였다. 그러나 그분은 걱정하지 말라며 이렇게 말했다.

"저는 지금도 선생님을 존경하고 있습니다. 귀에 쏙쏙 들어오도록 쉽게 잘 가르치시고, 게다가 선생님은 마음으로 가르치시잖아요."

그 말을 듣고는 더 이상 거절할 수가 없었다. 결국, 수학 과외를 통해 3대에 걸쳐 인연을 맺었다.

세 번째는 수학 과외 쌤을 뛰어 넘어 인생 과외 쌤이라고 불렸다는 것이다. 여학생은 물론, 남학생들도 그녀에게 자신의 고민을 이야기했다. 성적 문제, 자신의 진로, 친구들과의 관계에서 받은 상처 등 다양한 주제에 대해서. 그녀는 과외 받는 아이들이 마음의 문을 열어야 수학 문도 열린다는 신념으로 가르쳤다. 아이들과 교감하기 위해 그들의 언어를 쓰고, 떡볶이도 같이 먹으러 다녔다. 또한 아이들이 무슨 말을 해도 긍정하고 존중해 주었다.

이와 같은 그녀만의 3가지 레시피가 6개월 이상 기다려야 하는데도 중고딩 엄마들이 이 씨를 찾아오게 만든 필살기가 되었다.

탁월한 존재가 되는 레시피를 다시 한 번 정리해 보자. 어떤 분야에서 무슨 일을 하든 나, 또는 내 상품의 본원적 가치를 탁월한 경지에 오르게 만드는 것이 중요하다. 그러나 그게 전부는 아니다. 그 다음에 꼭 실행해야 하는 것이 있다. 위 사례의 이영희 씨처럼 무슨 일을 하든 진정성 있는 마음으로 정성을 다해야 한다는 것이다.

07

난 나훈아를 존경해

"난 나훈아를 존경해."

우리나라 최고의 가수 중 한 명으로 꼽히는 송창식의 말이다. 그는 왜 동료 가수인 나훈아를 존경한다고 했을까? 그는 한 방송 프로그램에 출연해 그 이유를 다음과 같이 밝혔다.

"나훈아도 매일 연습한다며? 그래서 난 나훈아를 존경해!"

이렇게 말한 송창식 역시 소문난 연습 벌레다. 두 사람만 그런 게 아니다. 어느 분야에서든 탁월한 존재, 즉 최고수의 경지에 오른 사람들이 지닌 공통점이라고 할 수 있다.

가요계에는 나훈아, 송창식 같은 연습 벌레들이 많다. 그중 대표적인 이가 '국민 가왕'이라고 불리는 조용필이다. 그는 공연이나 녹화가 있는 장소에 출연 예정 시간보다 두세 시간 전에 도착한다. 그 이유는 오직 하나, 연습을 하기 위해서다. 출연자 대기실 근처의 회의실 같은 곳에서 그날 부를 노래를 반복해서 연습한다. 심지어 대기실의 다른 출연자들이 시끄럽다고 느낄 정도라고 한다.

스포츠계에도 나훈아, 송창식, 조용필 같은 이들이 많다. 박찬호, 박세리, 박태환, 류현진, 손흥민, 김연아 등이다. 그들의 공통점 역시 하나다. 열심히 연습해서 그 분야의 탁월한 존재가 됐다는 것이다.

우리 주변에도 그런 이들이 많다. 필자들은 가장 대표적인 사람으로 아르투르 루빈스타인을 꼽는다.

연습의 끝판왕, 루빈스타인

사후에도 여전히 피아노의 거장으로 불리는 아르투르 루빈스타인! 그의 핵심 레시피는 연습의 끝판왕이라는 것이다.

어느 날, 한 여성이 그에게 질문을 던졌다.

"선생님처럼 피아노를 잘 치고 싶습니다. 어떻게 하면 될까요?"

루빈스타인이 미소 띤 얼굴로 그녀에게 말했다.

"하루 6~8시간씩 몰입해서 연습하십시오. 그렇게 10년 이상 노력하면 틀림없이 그렇게 되실 겁니다."

바이올린의 거장 사라사테는 더 지독한 연습 벌레였다. 자신을 천재라고 부르는 것에 대해 그는 이렇게 말했다.

"나는 바이올린을 시작한 이후, 37여 년 동안, 매일 14시간씩 단 하루도 쉬지 않고 연습했다. 사람들은 그런 나를 천재로 부르더라."

당신도 그렇게 하면 그들처럼 될까? 그렇게 될 수도 있고, 안 될 수도 있다. 이에 대해 다음과 같이 3가지 연구 결과를 소개한다.

1. 1만 시간의 법칙: 2009년 말콤 글래드웰이 《아웃 라이어》라는 책에서 주장. 누구든 하루 3시간, 일주일 20시간씩 10년 동안 1만 시간을 꾸준히 노력하면 빌 게이츠나 비틀스, 모차르트 등 시대를 대표하는 천재들처럼 성공할 수 있다고 주장.

2. 1만 시간의 법칙 재발견: 미시간 주립대 잭 햄브릭 교수 연구팀이 주장. 1만 시간의 법칙이 부분적으로 잘못됐다는 논문을 2014년에 발표. 논문의 결론은 아무리 노력해도 선천적 재능을 타고난 사람을 따라잡기 힘들다는 것. 연구는 노력과 선천적 재능의 관계를 조사한 88개 논문을 대상으로 진행. 연구 결과에 따르면, 학술 분야에서 노력한 시간이 실력의 차이를 결정짓는 비율은 4%에 불과한 것으로 나타남. 즉, 공부에 재능이 없는 96%의 사람들은 열심히 노력해도 공부 잘하는 재능을 가진 4%를 따라잡기 힘들다는 것. 음악·스포츠·체스 등 분야는 실력을 높이는 데 영향을 미치는 노력 비중이 20~25%. 결론적으로 어떤 분야든 선천적 재능이 없으면 아무리 노력해도 대가가 될 확률은 그리 높지 않음.

3. 재능 개발 프로젝트: 노스웨스턴대 벤자민 블룸 교수의 주장. 어떤 분야에서 대체 불가능한 탁월한 존재가 되는 데 걸리는 시간에 대한 연구. 피아니스트, 테니스 선수, 수영 선수, 영양사, 수학자 등은 분야에 따라 10~18년이 걸린다는 게 연구 결과임. 연구 방법은 조사 대상 분야와 대상자들의 커리어를 조사.

탁월한 존재가 되는 최고의 레시피

연습의 끝판왕 루빈스타인이 죽기 전, 한 기자가 질문을 던졌다.

"선생님은 피아니스트로서 세계 최고 수준에 올랐습니다. 아흔이 넘은 현재도 현역으로 활동 중이시고요. 그럼, 연주 안 하고 쉴 때는 뭐하고 지내십니까?"

루빈스타인은 1초의 망설임도 없이 말했다.

"쉴 때는 연습하지."

그러면서 다음과 같이 유명한 말을 덧붙였다.

"하루를 연습하지 않으면 나 자신이 알고, 이틀을 연습하지 않으면 동료가 알고, 사흘을 연습하지 않으면 관객이 안다."

그렇다. 탁월한 존재가 되는 최고의 레시피는 재능이 있는 것을 선택해 연습에 몰입하는 것이다.

그렇다면 탁월한 존재되기를 언제부터 노력하는 게 좋을까? 빠를수록 좋다. 그러나 아무리 늦어도 40대에는 시작하는 게 좋다. 위에서 소개한 '재능 개발 프로젝트'에 따르면, 어떤 분야에서 대가의 경지에 오르려면 10~18년이 걸린다니 말이다. 게다가 50대 이후에는 학습 능력이 떨어진다니 말이다.

08

그래도 '탁월한 나 되기'가
어렵다는 당신에게

탁월한 존재가 많지 않은 이유와 대안

어떤 분야에서 무슨 일을 하고 있든 탁월한 존재가 돼야 한다는 걸 알지만, 정작 그런 경지에 오른 사람은 많지 않다. 왜 그럴까? 다음과 같은 6가지 이유 때문이다.

> 1. 그런 꿈과 목표가 없다.
> 2. 꿈꾸기만 할 뿐 도전도 실행도 하지 않는다.
> 3. 절실하지 않다.
> 4. 잘하는 정도를 탁월한 존재가 됐다고 착각해 자만에 빠진다.
> 5. 탁월한 존재가 되는 것과는 거리가 먼 길로 가면서 헤맨다.

6. 열심히 공부하고 연습하며 노력하는데도 안 된다.

첫째와 둘째, 셋째는 본인이 바뀌지 않는 한 대안이 없다. 넷째와 다섯째는 대안이 있다. 멘토의 도움을 받는 것이다. 그러나 여섯째의 경우 대안이 쉽지 않다. 해당 영역과 관련한 재능이 부족하거나 나쁜 습관 및 실수가 반복되기 때문이다.

전자의 경우에는 자신이 잘하거나 잘할 가능성이 있는 영역으로 바꾸는 게 좋다. 후자의 경우에는 선택의 관점을 다르게 하는 것이 좋다. 노력의 밀도를 높여 뇌의 반응이 아니라 마음의 근육이 먼저 반응할 수 있도록 만드는 게 좋다. 경쟁이 없거나 약한 시장인 블루 오션으로 지역을 세분화하는 방법, 특정 영역을 초세분화해 그 영역에서 탁월한 존재가 되는 것도 방법이다.

성공이나 실패, 행복이나 불행도 결국은 선택에서 비롯된다. 그렇다면 열심히 노력했는데도 탁월한 존재가 되지 못했다는 사람들을 위한 선택적 대안은 무엇일까?

작은 지역에서 탁월한 나 되기

'탁월한 나 되기!'

말은 쉽지만, 이루기는 쉽지 않다. 특히 우리나라 전체를 통틀어 탁월한 존재가 되는 것은 매우 어렵다. 그래도 대안은 있다. 전국이 아니라 특정 영역 내에서 탁월해지는 것이다. 가령, 김밥, 설렁탕 등과 같은 먹거리를 예로 들 수 있다. 이것들은 전국이 아니라 특정 소규모 지역 상권 내에서 탁월한 맛집으로 인정받기만 해도 성공할 수가 있다. 입지가 불편해도 고객들이 스스로 알아서 찾아오기 때문이다.

초세분화된 영역에서 탁월한 나 되기

"사장님, 제발 부탁입니다. 저희 백화점에 입점해 주십시오. 원하시는 조건은 다 들어드리겠습니다."

국내 유명 백화점 A사의 의정부점 개점 시 유명 외식 브랜드 입점을 담당했던 김민식(가명) 팀장이 던진 하소연이다. 놀라운 사실은 그날이 그가 7번째 방문하는 날이었다는 것이다. 도대체 그 음식점은 어떤 곳이고, 어떤 명성을 얻었기에 절대 갑인 백화점의 팀장을 칠고초려하게 만들었을까?

그 주인공은 바로 서울 용산구에 있는 BJ반점이란 중국 음식점이었다. 그렇다면 BJ반점은 짜장면 등 중국요리의 모든 영역에서 명성을 얻었을까? 그렇지는 않다. 모든 메뉴 중 한 가지, 얼음꽃 모양 빙화만두의 명성이 자자한 곳이었다. 빙화만두의 맛이 탁월하다는 명성 덕분에 을의 지위에서 절대 갑의 위치에 오를 수 있었던 것이다.

BJ반점처럼 중국요리 전체가 아니라 단 한 가지 메뉴, 즉 초세분된 영역에서 대체 불가능할 정도로 탁월한 존재가 되는 것도 방법이다. 분식

집의 경우를 예를 들면, 김밥, 떡볶이, 순대도 맛있지만 "이 집의 라면 맛
하나는 끝내 줘"라는 식의 평판을 얻는 것이다.

은행이나 증권사 등 금융권 PB의 예를 들어 보자. 그들의 미션은 부
유층 고객의 자산관리와 투자에 관한 토탈 솔루션을 제공하는 것이다.
그들이 그와 같은 솔루션을 고객에게 제공하려면 주식, 펀드, 채권 등
다양한 금융 상품은 물론 부동산, 절세를 비롯해 금이나 석유와 같은 실
물 투자에도 정통해야 한다. 그러나 이 모든 분야에서 탁월한 존재가 되
는 것은 거의 불가능하다. 이런 경우 대안은 아주 세분화된 영역에서 탁
월한 존재가 되는 것이다. 가령, 채권투자의 독보적인 존재, 금 투자의
대표적인 존재, 외환투자의 탁월한 존재가 되는 것이다. 그런 다음, 영
역을 점차 넓혀가는 게 방법일 수 있다.

특정 고객군을 주 타겟 고객으로 탁월한 존재가 되는 것도 방법이다.
연예인 전문 PB, 프로 운동선수 부동산 투자 멘토로 탁월한 존재라는
명성을 얻는 것과 같은 방법을 말한다. 변호사들은 이미 초세분 영역에
서 탁월한 존재가 되기 위한 길을 가고 있다. 이혼 전문 변호사, 학폭 전
문 변호사로 자신을 포지셔닝하려고 노력하는 이들이 대표적이다.

부동산 중개인도 마찬가지다. 주택, 상가, 건물, 땅 등 모든 영역에서
탁월한 존재가 되는 것은 매우 어렵다. 대안은 세분화된 주택시장에서
그런 존재가 되는 것이다. 그것조차 어렵다면 재건축이나 토지와 같이
한 가지 초세분화된 영역에서 그런 존재가 된 후, 다른 영역에 도전하는
게 좋다.

09

40대 자수성가형 부자들의
유일한 공통점

다시 불어닥친 재(財)테크 열풍

최근 계층과 세대를 뛰어넘어 많은 이들이 재財테크에 열을 올리고 있다. 대학생들까지 동아리를 만들어 재財테크 열풍에 동참하고 있는 추세다. 우리 오천 년 역사에서 이렇게 많은 사람들이 부를 갈망했던 때가 있었을까? 서점가는 재財테크 책을 사려는 사람들로, 인터넷 카페는 재財테크 정보를 얻으려는 사람들로 넘쳐나고 있다. 그러나 정작 그토록 갈망하던 부자나 경제적 자유의 꿈을 이룬 사람은 그리 많지 않다. 왜 그럴까?

필자들은 대부분의 사람들이 재財테크 방법을 너무 좁게 생각하는 데 근본적인 이유가 있다고 생각한다. 그저 '투자를 잘해야 한다'라고 생각하는 것이다. 부모로부터 재산을 물려받지 못한 이들일수록 그런 생각이 더 강하다. 그러나 이는 잘못된 생각이다. 자수성가한 부자들의 95% 이상은 주식이나 펀드, 부동산 투자 등 재財테크를 잘해 고소득자가 되고, 부자가 된 게 아니기 때문이다.

그렇다면 그들은 어떻게 자수성가형 부자가 될 수 있었을까? 다음과 같이 3가지를 꼽을 수 있다.

첫째, 고액 연봉(수억~수십 억대 연봉을 받는 CEO 및 임원, 의사, 변호사, 변리사, 연예인, 스포츠 스타 등)

둘째, 고소득 자영업 경영(경쟁력이 탁월한 음식점, 미용실, 약국, 대형 학원, 커피 전문점 등의 자영업 경영주)

셋째, 고액의 자문료, 수임료(수억 대 연봉의 영업인, 고액의 드라마 작가, 엔지니어, 컨설턴트 등)

이렇게 보았을 때, 그들의 유일한 공통점은 하나다. 재財테크로 돈을 많이 벌어 자수성가형 부자가 된 게 아니라 자신이 일하는 분야에서 탁월한 존재의 경지에 올라 고액의 연봉과 고소득으로 인정을 받았다는 것이다.

물론, 재財테크를 잘해 돈을 많이 버는 사람들도 있기는 하다. 남편의 몇 년치 연봉을 한두 번의 부동산 거래로 버는 주부들도 있고, 젊은 나이에 부동산과 주식 투자로 수십 억의 재산을 가진 재財테크형 부자들도 있다. 또한 벤처 기업을 창업해 코스닥에 상장하거나 경영권을 매각해 수백~수천 억대의 부자가 된 성공 신화도 있다.

그러나 그들의 비중은 겨우 5% 미만이다. 대부분의 자수성가형 부자들은 자신의 분야에서 탁월한 존재가 된 재ㅕ테크를 잘한 사람들이다.

탁월한 나 되기, 재(才)테크다

범위를 넓혀 보자. 부동산이나 주식 투자를 잘한 이들 역시 재ㅕ테크형 부자로 분류해도 무리가 없을 것이다. 공부, 스포츠, 연기, 요리 등을 잘해 그 분야에서 탁월한 존재가 된 사람들처럼 그들 역시 투자를 잘해 그렇게 되었기 때문이다. 결국 자수성가형 부자의 100%는 잘하는 재능을 살려 탁월한 존재가 된 재ㅕ테크형 부자라고 할 수 있다.

몇 년 전 10억 만들기 열풍이 분 적 있다. '10년 10억 만들기'라는 캐치프레이즈를 표방한 '텐인텐' 카페가 대표적이다. 왜 하필 10억일까? 자신이 살 집에다 금융자산 10억 정도면 40대 이후를 돈 걱정 없이 살 수 있을 것이라고 판단했기 때문이다.

그렇다면 '40대 10년 동안 20억 만들기'로 목표를 높여보는 것은 어떨까? 이렇게 말하면 "나 같은 월급쟁이는 불가능하다. 10년 동안 급여 통장에 들어온 돈 한 푼을 안 써도 20억이 안 되는데"라며 탄식을 쏟아내는 이가 아마 대부분일 것이다. 이 말은 곧 로또 당첨, 유산 상속, 주식이나 코인 투자 대박 같은 것 외에는 절대 불가능하다는 뜻을 담고 있다.

이렇게 부정적인 사람은 40대 10년은 물론, 그 이후 50여 년도 경제적으로 쪼들리는 신세를 벗어나기 힘들다. '40대 10년 동안 20억 만들기'에서 가장 중요한 것은 무엇일까? 인풋, 즉 투자나 저축하는 원금을 늘리는 것이다. 월 100만 원짜리 원금을 월 500만 원, 1,000만 원으로 몇 배 늘리는 것이다.

인생 반전은 로또나 재(財)테크에 있지 않다

그럼 어떻게 해야 인풋을 몇 배로 늘릴 수 있을까? 로또에 당첨되지 않는 한 방법은 하나다. 당신의 가치를 높이는, 즉 재才테크에 올인하는 것이다. 올인을 넘어 그 분야에서 대체 불가능한 탁월한 존재로 인정받아야 한다. 그렇게 되면 더 빨리 승진할 수 있고, 전직을 하든 안 하든 연봉도 훨씬 더 많이 받을 수 있다.

그러나 현실은 암울한 편이다. 40대 직장인들 중에는 명퇴를 종용받고 있거나 등 떠밀리는 게 싫어 사표 낼 시기를 저울질하는 이들이 많다. 그들에게 주어진 선택지는 다음 2가지다.

첫 번째는 인풋을 늘리기 위해 멀티 잡을 갖는 것이다. 그러나 이는 단기적 처방전일 뿐이다. 할 수 있는 일들의 수입이 그리 높지 않기 때문이다.

두 번째는 고수입을 올릴 수 있는 새로운 분야에서 탁월한 존재가 되기 위해 도전하는 것이다. 예를 들면 인기 드라마 작가, 헤어 디자이너, 작곡, 요리 레시피 개발, 파트타임 세프 등이 그것이다.

시간이 너무 걸린다고 생각하는가? 그때가 오기 전에 굶어 죽을 거라고 판단되는가? 멀티 잡족이 되고, 탁월한 존재되기에 도전하는 것보다 전업 투자자가 되는 게 훨씬 낫다고 여겨지는가?

문제는 그런 사람들 중 성공한 이들이 5% 내외를 넘지 못한다는 것이다. 한 번 더 강조하지만, 40대 자수성가형 부자들의 유일한 공통점은 재財테크가 아니다. 어느 한 분야에서 자신이 잘하는 재능에 몰입하는 재才테크로 탁월한 존재가 됐다는 것이다. 따라서 우선은 자신이 가장 잘할 수 있는 일에 승부를 걸 필요가 있다.

10

자영업 개업?
그러다 개털 될라

자영업은 왜 십중팔구 실패하는가?

빨리 퇴직해서 내 사업을 하는 게 꿈이던 시절이 있었다. IMF 외환 위기 직전까지는 그랬다. 그래도 월급쟁이보다는 낫다고 말하는 자영업자들도 제법 있었다. 그러나 지금은 어떤가. 월급쟁이들의 무덤이 곧 자영업 개업이라는 말이 회자될 정도다.

자영업 개업 후 실패하는 사람들은 저마다 이유가 있다. 준비 부족, 정보 부족, 실력 부족 등이 그것이다. 그러나 근본적인 이유는 정작 다른 데 있다. 첫 번째는 경쟁이 너무 과도하다는 것이고, 두 번째는 임차료와 인건비가 너무 높다는 것이다. 특히 경쟁이 너무 과도하다. 2018년 통계청 기준, 자영업 종사자는 570여만 명에 이른다. 2018년 기준, 전체 취업자 2,700여만 명 대비 자영업 종사자 비율이 21.1%나 된다. 반면 일본은 11%, 미국은 9%, 북유럽 국가들은 6~9% 수준에 불과하다.

이 통계를 보았을 때 우리나라의 자영업자 간 경쟁률이 다른 국가에 비해 2~3배 정도 높다는 것을 알 수 있다. 반경 1km 내에 있는 치킨점 수가 일본이 하나라면 우리는 최소 2개 정도 된다는 의미로도 해석할 수 있다.

필자의 지인들 중 미국이나 캐나다로 이민 간 사람들이 있다. 그들 대부분이 세탁소, 마트, 식당, 미장원 등을 운영한다. 그들에게 "할 만하십니까?"라고 물으면 거의 모두가 "네, 할 만한 편입니다"라고 답한다.

그에 비해 우리나라는 어떤가? 폐업했다거나 폐업을 고민 중인 자영업자들이 많다. 폐업은 대부분 망했거나 망한 것이나 다름없는 상황을 말한다. 빚까지 떠안고 있다는 공통점을 가지고 있다. 그럼에도 불구하고 여전히 많은 사람들이 계속해서 자영업에 도전하고 있다.

경쟁은 왜 심하고, 임차료는 왜 높을까?

사람들은 경쟁이 심하다는 걸 알면서도 왜 자영업에 뛰어드는 걸까? 여러 요인이 있겠지만 핵심은 2가지다.

하나는 생계를 위해 개업할 수밖에 없다는 것이다. 최근에 자영업을 개업한 이유에 대해 조사한 결과를 보자. 전체 자영업자 중 80% 정도가 '생계유지를 위해서', 즉 다른 대안이 없어서란 게 그 이유였다. '개업을 하면 성공할 가능성이 있어서'와 '가업 승계를 위해서'는 각각 14%와 1.1%에 불과했다.

다른 하나는 괜찮은 일자리가 부족하고, 기업들의 고용이 불안정하다는 것이다. 청년들의 취업대란이 오랜 기간 이어지는 이유는 그들이 원하는 일자리가 부족하기 때문이다. 이 문제를 풀기 위한 해법은 고용 창출 효과가 큰 신산업 육성과 해외 기업 유치다. 그런데 지난 30여 년 동안 어떤 정권도 그런 정책을 제대로 펴지 않았다. 양질의 일자리 만들기 정책의 실패가 그들을 삼포 세대로 내몰았고, 그들 중 일부를 자영업 개업으로 내몰았던 것이다.

기업들의 고용 관행도 자영업 시장의 경쟁을 심화하는 데 기여했다. 우리 기업들의 평균 정년은 60세다. 그러나 실질 정년은 '사말오초', 즉 40대 후반에서 50대 초반이다. 수많은 이들이 그 나이대에 명퇴의 희생양이 되어 일자리를 잃는다.

사실 그 나이대는 가계에 돈이 가장 많이 들어갈 때다. 명예퇴직 위로금으로 2~3억 정도를 받는다 해도 재취업을 하지 않으면 오래 버티기가 힘들다. 재취업을 하는 것이 궁극적인 대안인데, 그 나이대에 일할 만한 곳은 별로 없다. 이들에게 "눈높이를 낮추면 할 일이 많다"고 말한다면, 그들은 "할 일은 많다지만 할 만한 일은 없다"고 말할 것이다.

그들 중 일부는 "그래도 나는 성공할 자신이 있다"며 자영업 대열에 동참해 경쟁 심화에 힘을 보탠다. 최근에도 자영업 시장 참여자는 줄지 않는 추세다. 장사의 거점인 건물과 상가는 큰 변화가 없는데, 자영업 희망자는 줄지 않으니 점포 임차료가 높을 수밖에 없다. 더욱이 장사가 좀 될라치면 젠트리피케이션Gentrification을 부추기는 임차료 상승이 이어 진다. 이러한 극심한 경쟁과 높은 임차료가 자영업자들을 폐업의 나락 으로 떨어뜨리는 주된 요인이 되고 있다.

지금은 자영업 개업을 하지 않는 게 답이다

이유가 어찌됐든 자영업 개업 이후 결과는 대부분 좋지 않다. 이런 상 황에서는 건강한 생태계가 구축될 때까지 자영업 개업은 하지 않는 게 답이다. 십중팔구 실패할 가능성이 높기 때문이다.

그렇다면 건강한 자영업 생태계 구축의 기준은 무엇으로 판단하면 될 까? 전체 취업자 대비 자영업자의 비율을 보면 된다. 건강한 자영업 생 태계가 구축되려면 그 비율이 10% 초중반대까지는 떨어져야 한다. 주 요 선진국의 전체 취업자 대비 자영업 종사자 비율이 8~12%임을 감안 했을 때 자영업 종사자 수는 360여만 명, 전체 취업자 수는 3,000여만 명 정도로 조정이 되어야 한다.

그러나 이와 같은 생태계는 언제 만들어질지 모른다. 상황이 이처럼 최악이지만 당장 돈을 벌어야 해서 그런 생태계가 구축되기까지 마냥 기다릴 수 없는 가정이 많다. 사정이 그렇더라도 무턱대고 개업이라는 길을 선택해서는 안 된다. 인생 최악의 선택이 될 가능성이 높기 때문이 다. 과도한 자영업 경쟁 생태계에서 살아남을 수 있는 경쟁력을 갖출 때까지는 절대, 절대로 개업하지 마라.

생계유지를 위해 무언가를 해야 한다면 우선은 아르바이트라도 해서 돈을 벌어라. 쿠팡 배달도 좋고 대리 운전이나 학원 버스 운전도 좋다. 그렇게 하루에 아르바이트만 4~5개를 해서 4억 5천이라는 빚을 7년 반 만에 갚고, 10억을 모은다는 목표로 열심히 뛰고 있는 사람도 있다. 전주에 살고 있는 이종호(가명, 45세) 씨가 그 주인공이다.

그게 정말 가능할까? 물론, 가능하다. 이종호 씨의 하루 일과를 한 번 보자.

> 03:00~06:30: 신문 배달 및 우유 배달
>
> 08:30~10:00: 유치원 등교 버스 운전
>
> 10:00~12:00: 떡 배달
>
> 12:30~14:00: 유치원 하교 버스 운전
>
> 14:00~22:00: 초중고생 학원 등하원 버스 운전
>
> 토~일요일: 치킨, 피자 배달 및 편의점 알바

생활비는 이 씨 아내가 콜센터 상담원을 하면서 받은 급여로 해결했다. 그렇게 알바를 해서 번 돈으로 그는 매월 4백~6백만 원씩 빚을 갚아 나갔고, 7년 반 만에 빚을 모두 갚았다. 특별히 잘하는 재능이 없거나 죽어라 노력해도 안 된다는 40대들이 반면교사로 삼으면 좋을 사례가 아닐까?

그래도 자영업 개업? 이런 사람만 해라

이렇게 말해도 "나는 준비가 됐다. 자신 있다"며 강행하는 사람들이 있다. 40대 초반 주부의 커피숍 실패담을 한 번 보자.

> 바리스타 자격증을 취득했고, 커피숍에서 1년 정도 아르바이트로 경험을 쌓아 자신이 있었다. 어떤 곳에 오픈하면 좋을지 잘 선택하면 될 것 같았다. 1만 세대 아파트가 입주 예정인 상가 건물 1층을 임대했다.
>
> 커피 프랜차이즈 본사 직원이 일 매출 3백만 원은 거뜬한 곳이라는 말에 확신을 갖고 오픈했다. 창업 6개월 동안은 본사 직원의 말과 비슷하게 매출이 올랐다. 그러나 인근에 경쟁업체가 2곳이나 오픈을 했다.
>
> 그러자 매출이 반토막이 났다. 적자가 나기 시작했다. 원가를 줄일 방법은 아르바이트 인력을 줄이는 것밖에 없었다. 그 부분을 내가 커버했지만 별로 나아지는 게 없었다. 나름 준비가 됐다고 생각한 게 착각이었던 셈이다. 적자폭이 커지기 전인 창업 1년 6개월 만에 결국 문을 닫았다.

이처럼 자신도 있고, 준비도 나름 했다고 자부하면서 개업하는 사람들이 많다. 그들이 실패하는 이유는 2가지다. 자신은 준비가 됐다지만 객관적으로 보면 전혀 아닌 경우가 대부분이다. 위 사례의 경우, 치명적으로 잘못된 선택을 했다고 볼 수 있다. 자기 매장의 상권만 분석했을 뿐, 경쟁자가 진입할 경우에 대한 분석이나 대응 전략이 전혀 없었다.

다른 하나는 어느 정도 잘했는데도 실패했다는 것이다. 왜 그런 걸까? 더 잘하는 경쟁자가 시장에 진입했기 때문이다. 자영업자 비율이 10%대 초반 수준으로 떨어지면 이런 현상이 반복될 리 없다. 그러나 그런 상황은 요원하다. 그래서 완벽한 준비, 대체 불가능한 나만의 레시피를 갖춘 사람만 개업하라는 것이다.

그러다 날 샐라, 일단 먼저 시작하라?

커피숍 창업을 예로 들어 개업 전에 어느 정도 준비해야 할지 한 번 생각해 보자. 바리스타 자격증과 커피숍 아르바이트 경험은 기본이다. 몇 년이 걸리더라도 커피 마니아들로부터 "그 집 커피는 정말 맛있어!"라는 평판을 들을 수 있도록 레시피를 개발한 다음, 개업을 해야 한다. 커피숍의 성패는 결국 레시피가 좌우하기 때문이다.

원가 경쟁력 확보를 위해 커피 원두를 직수입하는 것도 필요하다. 아예 그 나라의 커피 농장에 1년 정도 머무르면서 커피 재배와 커피 원두 상품화 과정 등을 직접 경험해 보는 것도 방법이다. '그 정도까지 해야 되나? 그렇게 준비만 하다가 날 새겠다'고 생각하는가? 그래도 그렇게 완벽하게 준비해야 리스크를 줄일 수가 있다.

맛에서 뿐만 아니라 멋에서도 '대체 불가능'이란 평판을 얻어야 한다. 멋이란 브랜드 이미지, 커피점 내부 인테리어, 고객 감동 서비스의 디테일 등 맛 외에 고객을 끌어들일 수 있는 모든 마케팅 레시피를 말한다. 필자들은 이러한 관점에서 자영업 성공을 위한 황금률을 '맛칠멋삼'이라 말한다. 상품의 맛, 즉 본원적 가치가 70%, 고객을 끌어들일 있는 멋스러움이 30%를 차지한다는 뜻이다. 물론, 이 두 가지 모두 대체 불가능한 수준이어야 한다.

임차료 상승 외에도 수익 창출이 가능한 원가 경쟁력 확보, 새롭게 경쟁자가 진입할 경우를 대비한 경쟁 전략도 세워 두어야 한다. 아울러 코로나19 팬데믹과 같이 전혀 예상치 못한 돌발 상황 등에 대처할 '컨틴전시 플랜Contingency Plan: 비상 경영 계획'도 세워 두어야 한다. 가령, 개업 후 1년 동안의 매출과 수익이 목표치에 미달할 경우, 멘토를 찾아가 조언을 구한다든지 하는 대안을 세워 두는 게 좋다.

커피숍을 예로 들었지만 식당이든 김밥집이든 마찬가지다. 파는 것이나 파는 형태에 관계없이 완벽하게 준비 후 개업을 위한 창조적 모방의 롤모델을 찾아 벤치마킹을 해야 한다.

4장

관계의 밀도가 높은 나 되기

01

인생은 결국
관계 싸움이다

인생에서 가장 중요한 것은 무엇일까?

지금까지 40대를 행복하게 살기 위한 '3개의 나 되기 레시피'를 소개
했다. 문제는 이 3가지만으로는 40대를 행복하게 살아내기가 부족하다
는 것이다. 사람들과의 관계에서 비롯되는 갈등, 후회, 상처, 스트레스
가 3가지 레시피에 비해 훨씬 강하기 때문이다. "인생은 결국 관계 싸움
이다"는 말이 그래서 있는 것이리라.

"삶에서 가장 중요한 것이 뭐라고 생각하세요?"

필자들이 강의 시작 전 자주 던지는 질문이다. 그러면 꿈, 도전, 목표,
용기, 사랑, 건강, 돈, 행복, 긍정, 습관, 몰입, 스펙, 노력 등 다양한 답변
이 나온다. 40대는 대부분 돈을, 30대와 50대는 행복과 건강을 주로 꼽

는다. 각자 자신의 관점에서 가장 중요하다고 생각하기 때문일 것이다.

그렇다면 하버드대는 무엇을 꼽았을까? 1937년부터 72년 동안 814명을 대상으로 인간을 행복하고 건강하게 만드는 것이 무엇인지 매년 설문조사 방식으로 진행한 '성인발달 연구'의 최종 주관자였던 조지 베일런트 교수는 그 연구 결과를 다음과 같은 한 문장으로 응축했다.

"인간 삶에서 가장 중요한 것은 인간관계다."

인생에서의 성공과 실패, 행복과 불행은 물론, 건강마저도 결국 인간관계에서 비롯된다는 것이 이 연구의 결론이다. 카네기 공대 졸업생을 대상으로 한 연구도 성인발달 연구 결과와 비슷했다. 기업에 취업한 졸업생 중 임원이 된 이들의 85%가 인간관계를 자신들의 가장 중요한 성공 요인으로 꼽았다.

인간관계에서 가장 중요한 것은 무엇일까?

그렇다면 인간관계에서 가장 중요한 것은 무엇일까? 후회 없는 관계를 맺기 위해 필요한 레시피는 무엇일까? 여러 가지가 있겠지만, 필자들은 존중을 가장 중요한 레시피라고 생각한다. 공감, 소통, 배려, 사랑 등 관계에 영향을 미치는 모든 레시피들의 뿌리 역할을 하기 때문이다. 왜 그런지에 대해서는 이 장에서 차례차례 소개할 것이다.

지금까지의 내용을 간단하게 요약하면 다음과 같은 공식을 만들 수 있다.

> 삶에서 가장 중요한 것=인간관계
>
> 인간관계에서 가장 중요한 것=존중
> ∴ 인간 삶에서 가장 중요한 것=존중

앞으로 60여 년을 더 살아야 할 40대들에게 가장 중요한 것 역시 인간관계라고 할 수 있다. 문제는 많은 40대들이 인간관계에 어려움을 호소하고 있다는 것이다. 스트레스를 넘어 우울증 치료를 받거나 화병을 앓아 속이 새까맣게 타버렸다는 이들도 많다. 그들이 후회 없이 살기 위한 레시피는 존중받는 사람으로 거듭나는 것이다. 모든 관계에서 비롯되는 갈등과 스트레스, 상처가 존중받지 못하고 무시당하고 있다는 것으로부터 비롯되기 때문이다.

이렇게 말하면 다음과 같은 볼멘소리를 하는 사람들이 있다.

"아니, 누구는 존중받고 싶지 않아서 무시당하고 상처받으며 사는 줄 아세요?"

"남편이 자기가 돈 벌어 너희들 먹여 살리지 않았느냐며 막말을 해대요. 그런 말투를 바꾸기가 어렵다더라고요. 결국 나이 마흔에 이혼을 결심했어요. 100세 시대라는데, 앞으로 60여 년을 그런 막말에 상처받으며 살기 싫어서요."

"팀장이 툭하면 화내고 욕해요. 스트레스를 견디다 못해 우울증 약을 먹고 있어요."

이러한 관점에서 보면 "인생은 결국 관계 싸움이다"라고 할 수 있지 않을까?

02

나를 죽여야
관계가 산다

가족은 물론, 직장 상사와 동료, 친구들조차 자신을 싫어한다는 사실에 상처받는 40대들이 많다. 그들은 왜 그를 좋아하지 않을까? 공통적인 이유는 다음 4가지 때문이다.

> 첫째, 자기 본분을 다하지 못해서
>
> 둘째, '너틀 나옳(너는 틀렸고 내가 맞다는 사람)형' 인간이라서
>
> 셋째, 갑질, 자랑질, 꼰대질 등 관계를 망가뜨리는 말투가 습관이 돼서
>
> 넷째, 만만해 보여서

"나를 죽여야 관계가 산다"는 말이 있다. 나의 생각, 가치관, 성격, 태도, 말투, 습관 등을 죽여야 좋은 관계를 유지할 수 있다는 뜻이다. "그

놈의 성질 좀 죽여라"라는 말이 대표적이다. 먼저 관계를 죽이는 40대의 나쁜 습관 10가지로는 무엇이 있는지 알아보자.

1. 갑질
2. 을질
3. 자랑질
4. 꼰대질
5. 빈정거림질
6. 볼 때만 삽질
7. 타령질
8. 주사질
9. 간섭, 지적, 잔소리질
10. 비교질

갑질

여러 유형의 갑질이 있지만, 대표적인 것이 바로 2014년 12월에 있었던 땅콩 회항 사건이다. 물론, '미투 선언'을 하게 만들 정도로 권력을 휘두르고, 여성을 성적으로 착취한 추악한 행위들도 있다. 그 외에도 일부 재벌가에서 운전기사를 마구 부려먹고 말대꾸를 한다며 폭력까지 휘두른 사건, 백화점 진상고객이 판매사원을 무릎 꿇리고 사과를 요구한 사건, 대형 약국에서 제약회사 영업사원을 자기 집 머슴처럼 부려먹은 사건 등이 있다.

이와 같은 갑질은 오랫동안 유지된 관계마저 한순간에 망가뜨린다. 문제는 우리가 알고 있는 이러한 갑질이 빙산의 일각일 뿐이라는 것이다.

그렇다면 갑질은 왜 이렇게 많은 걸까? 2가지 이유가 있다. 하나는 을들이 갑들을 화나게 만들기 때문이다. 다른 하나는 갑질을 하는 사람들 대부분이 자신의 말과 행동, 습관 등을 제대로 인지하지 못하기 때문이다.

그러나 무엇보다 근본적인 이유는 거의 모든 갑들에게 을들을 존중하는 마음이 없기 때문이다. 이에 대한 해결책은 자신의 성질을 죽이는 것이다. "갑질을 죽여야 관계가 산다. 관계가 살아야 내가 산다!"라는 마음가짐이 필요하다.

을질

돈과 권력을 가진 사람들만 나쁜 습관질을 하는 게 아니다. 평범한 사람, 즉 을들 중에도 갑과의 관계를 스스로 망가뜨리는 이들이 많다. 필자들은 이와 같은 태도와 말과 행동을 '을질'이라고 한다. 그렇다면 어떤 을질들이 갑에게 상처를 주고 관계를 망가뜨리는 것일까?

을질 중 대표적인 것으로는 요구질, 핑계질, 변명질이 있다. 요구질의 한 축은 강성 노조의 강성 멤버들이 담당하고 있다. 그들이 사용자 측과 협상하는 것을 보면, 요구에서 시작해 요구로 끝난다고 할 정도다. 그들은 노조원의 근로 조건과 임금, 복지 문제 등과 관계없는 정치나 사회적 이슈 등에 대한 요구를 하기도 한다. 제3자 관점에서 보면 자신들의 주장을 관철시키기 위한 요구질로 보일 뿐이다.

개인 중에도 요구질로 관계를 망치는 사람이 있다. 주로 어느 한 분야에 탁월한 재능을 가진 사람들 중에 많은 편이다. 요리사, 헤어 디자이너, 자동차 엔지니어, 보일러 기사, 학원 유명 강사 등을 예로 들 수 있다. 그들은 을이지만 갑인 사업주들은 그들의 기분을 잘 맞추고 대우도 잘해줘야 한다.

탁월한 재능이 없는 을들도 갑질을 하곤 한다. 대표적인 게 핑계질, 변명질을 일삼는 파트 타이머들이다. '차가 막혀서', '과제물을 작성하느라', '늦잠을 자서' 등의 핑계와 변명을 습관적으로 해대는 을들을 말한다. 그들 중 일부는 예고도 없이 하루 만에 그만두는 식으로 애를 먹인다. 편의점 같은 업종과 달리, 우유나 요구르트 배달 같은 업종은 판매사원을 구하는 게 쉽지 않다. 그럼에도 "오늘까지만 출근하겠습니다"라고 말한 후 그만두는 판매사원들이 있다.

이들을 과연 누가 신뢰할 수 있겠는가. 그들은 자신과 가까운 사람들로부터 신뢰를 받고 있을까? 관계의 밀도는 높을까? 그들이 반드시 되새겨야 할 말이 있다.

"을질한 대가를 언제, 어디서, 어떤 관계로 다시 만나게 될지 모른다. 그러니 단 하루, 단 한 시간을 만나더라도 상대를 존중하라."

자랑질

남들 앞에서 자기 자랑을 하는 사람은 은연중에 미움을 받기 쉽다. 아무리 자기 PR 시대라고 하지만, 상대방이 상실감을 느끼거나 소외감을 느낀다면 그것은 꼴불견이 될 수 있다. 그럼에도 불구하고 주변 상황을 제대로 인식하지 못한 채 자기 자랑에 빠지는 사람이 많다. 그런 사람들은 다음 사례처럼 손절을 당하기 마련이다.

전업주부 김희진(가명, 45세) 씨는 최근 30년 지기에게 결별을 통보했다. 친구가 멀리 이사를 가거나 돈 문제로 다퉈서가 아니었다. 친구의 도를 넘은 자랑질이 원인이 됐다.

김희진 씨는 20대 후반에 결혼해 1남 1녀를 두고 있다. 신혼 때까지 둘은 사는 것도 비슷했고, 자녀들의 공부 실력도 엇비슷했다.

김 씨 친구의 자랑질이 시작된 건 10여 년 전, 친구가 자신 남편의 성과급을 자랑하기 시작하면서부터였다. 처음에는 김 씨도 친구의 자랑질에 "어머, 좋겠다", "이야, 대단하다"와 같이 추임새를 넣었다.

문제는 친구의 자랑질이 시도 때도 없이 계속된다는 것이었다. 만날 때는 물론, 전화 통화를 할 때, 심지어는 카톡으로 메시지를 보낼 때도 자랑질을 빠뜨리지 않았다. 그녀는 결국 몇 번의 다툼 끝에 친구와 절교를 선언했다.

다양한 유형의 친목도모 모임에서 억만금을 준대도 특정인이 싫다는 이들이 있다. 식품 대기업인 B사 OB회의 전 임원 Y씨가 대표적이다. Y씨는 현직에 있을 때도 명성이 자자했던 사람이었다. 수평적 리더십과는 전혀 거리가 먼 사람이었다.

퇴직 후 그가 OB회에 나온다고 하자 멤버들은 걱정 반 기대 반이었다. 걱정은 곧 현실이 됐다. 현직에 있을 때처럼 그는 임원으로 대접받으려 했다. 거기에다 자랑질이 하나 더 추가됐다. 그는 아들딸, 사위, 며느리를 비롯해 손주들의 자랑질까지 늘어놓았다.

처음 한두 번은 멤버들이 "대단한데요", "부럽습니다", "자랑스러우시겠어요"와 같이 공감을 표했다. 문제는 모일 때마다 그 자랑질이 반복된다는 것이었다. 그러자 점차 모임에 참석하지 않겠다는 사람들이 나타나기 시작했다. 그들은 공통적으로 "억만금을 준다고 해도 그 양반은 싫어"라고 손사래를 쳤다.

2020년 1월 잡코리아와 알바몬이 직장인들을 대상으로 '송년회에서 가장 만나고 싶지 않은 사람'을 조사한 결과, 54%의 사람들이 자기 자랑·잘난 척하는 사람을 꼽아 1위를 차지했다. 직장인들만 그런 게 아니다. 모든 사람이 자랑질 하는 사람을 싫어한다. 자랑질이 시기와 질투, 무시의 원천으로 작용하기 때문이다. 그러니 이제부터라도 남들 앞에서 자랑질은 반드시 피하기 바란다.

꼰대질

'꼰대'라는 말은 원래 학생들이 '선생님'을 부르는 은어였다. 그러다가 점차 시간이 흐르면서 나이 많고 꽉 막힌 사람을 가리키는 은어로 진화했다. 학생들은 왜 선생님들을 꼰대라고 불렀을까? 그들 대부분이 바른 생활이나 전통적 가치관을 반복적으로 가르치려 들었기 때문이다.

최근 들어서는 꼰대의 개념이 더욱 진화하고 있다. 직장 상사나 선배, 연장자를 비롯해 젊은 나이에 자신의 생각이나 가치관을 타인에게 강요하는 사람으로 폭넓게 정의되고 있다. 중요한 사실은 꼰대질 하는 사람 자신은 이를 전혀 인지하지 못하고 있다는 것이다. 그러다 보니 한두 번에 그치지 않고 반복해서 상대방에게 상처를 준다.

대체로 꼰대질의 원인은 상대를 위해 자신의 경험을 바탕으로 좋은 충고나 피드백을 준다는 생각이 강하기 때문이다. 꼰대들 중에는 '너틀나옳'_{'너는 틀렸고 나는 옳다'의 줄임말} 성향을 가졌거나 누구에게 간섭이나 훈계를 하지 않으면 참지 못하는 성향을 가진 이들이 많다. 이런 이들은 가족 간에도 꼰대질로 갈등을 겪고, 상처를 준다.

그런데 정작 그들은 상대를 존중하는 마음이 전혀 없거나 존중해야 한다는 사실을 전혀 인지하지 못한다. 어디서, 무슨 일을 하든 이런 사람들은 결국 성공하기 어렵다. 그런 이들이 머릿속에 각인해야 할 말이 있다. "나를 죽여야 관계가 산다"는 말이다. 꼰대질을 죽이지 않으면 배우자, 자녀는 물론 상사, 동료 등과 좋은 관계를 맺거나 유지할 수 없기 때문이다.

빈정거림질

말 한마디를 던져도 은근히 비꼬거나 비웃듯 조롱하는 사람이 있다. 이런 행위를 비아냥거림 또는 빈정거림이라고 하는데, 상대를 존중하는 마음이 없을 때 나타난다. 중학교 동창 친구들과의 친목 모임에 참여하고 있는 박성화(가명, 48세) 씨가 대표적인 사례다.

박 씨와 그의 중학 동창 친구 9명은 10년째 친목 모임을 하고 있다. 한 달에 한 번씩 모임을 갖는데, 오후 6시에 만나 저녁을 먹으며 가볍게 술 한잔을 나누고 헤어진다. 중학 시절의 추억 거리를 화제로 하기에 감정이 상하거나 그러지는 않는다. 문제는 박 씨의 말투다. 그의 말투는 은근히 비꼬거나 비웃는 형식이다.

한 번은 친구 중 하나가 아내와 같이 KBS 1TV의 '가요무대'란 프로그램의 녹화 현장을 직접 방청하고 왔다고 했다. 그 친구가 "가요무대에 나오는 가수들이 노래하는 모습을 직접 보니 정말 프로들이더라, 그들의 그런 태도는 정말 배워야겠더라. 자네들도 언제 한 번 시간 내서 부부가 함께 직접 보면 좋을 것이다, 강추한다"란 말을 하던 찰나였다.

그 순간, 박 씨가 이렇게 빈정거렸다.

"격이 있지, 그런 데를 쓸데없이 가고 그래? 그 프로는 주로 옛날 가수들만 나오잖아. 시간 있으면 뮤지컬이나 오페라 구경을 가는 게 낫지. 친구들, 안 그래?"

박 씨의 말에 그 친구는 얼굴을 붉혔다. 문제는 박 씨의 그런 말투가 다른 친구들한테도 비슷하다는 것이었다. 박 씨는 누가 어떤 주제로 말을 하든 은근히 비꼬는 말투로 속을 뒤집어 놓곤 했다. 그런 박 씨가 싫다며 모임에 나오지 않는 친구도 두 명이나 되었다.

박 씨를 제외한 친구들이 따로 모여 이에 대한 대책을 논의했다. 결론은 모임 회장이 박 씨에게 피드백을 해주는 것으로 마무리되었다.

피드백을 받은 박 씨는 어떻게 답했을까? 자신의 말투가 상처를 준다는 걸 최근에야 알았다고 답했다. 그래서 모임에 참석하면 스스로 조심하자고 다짐도 여러 번 했다고 했다. 그러나 통제가 잘 안 된다는 것이 문제였다. 자기도 무척 신경 쓰는데, 무의식적으로 그런 말투가 툭 나간다고 했다. 몇 십 년 동안 지속된 말투라 쉽게 고쳐지지 않는다는 것이었다.

실제로 우리 주변을 둘러보면 박 씨와 같은 사람들이 많다. 더욱이 가까운 사람과의 관계를 죽이는 그런 말투를 자신이 구사하고 있다는 사실조차 모르는 이들도 많다. 박 씨 같은 경우에는 어떻게 해야 관계를 살릴 수 있을까? 상대의 말을 일단 긍정하고 공감하는 습관을 가져야 할 것이다.

비교질

'누구는 어떻고, 누구네 집은 어떤데' 등과 같은 '비교질'도 관계를 죽이는 말이다. 이는 주로 부부 간, 부모자식 간. 시어머니와 며느리 간처럼 가까운 사람과의 관계를 죽이는 나쁜 습관이다. 서울 강남에서 대형 건물을 소유한 임영석(가명, 68세) 씨의 사례를 한 번 보자.

> **임 씨의 고민은 43살인 큰아들이다. 대학 졸업 후, 3년 동안 취업을 못해 할 수 없이 커피숍을 차려 주었다. 그러나 1년을 버티지 못했다. 친구한테 가게를 맡겨 놓고 놀러 다니는 날이 출근하는 날보다 더 많으니 제대로 운영이 될 리가 없었다. 그 뒤로 PC방, 당구장, 노래방, 중국 음식점 등 본인이 해보겠다는 건 모두 지원해 주었다.**

그러나 단 한 번도 성공하지 못했다. 죽기 살기로 노력해도 될까 말까인데, 놀러 다니느라 하루 걸러 하루 꼴로 가게에 나가니 잘될 리가 없었던 것이다.

처음에는 임 씨도 질책 대신, 격려를 많이 해줬다. 그러나 큰아들의 마인드와 행동은 변함이 없었다. 변한 건 임 씨였다. 큰아들의 실패 횟수가 늘어날 때마다 다음과 같은 질책성 비교질도 늘어났다.

"네 동생의 반의 반만 해라."

그러나 그런 말이 반복되자, 우울증 증세를 보이던 큰아들이 큰 상처가 됐던지 어느 날 스스로 목숨을 끊었다.

참으로 안타까운 일이다. 이처럼 비교질은 가족처럼 가까운 사람들과의 관계도 망가뜨린다. 자신의 의도와는 다르게 상대방의 자존감에 상처를 입히기 때문이다. 문제는 비교질을 하는 당사자는 잘 인지하지 못한다는 것이다.

비교질을 고치려면 2가지 노력을 병행하는 것이 좋다. 하나는 상대와 대화 시 자신이 하는 말을 녹음해 다시 들어보는 것이다. 다른 하나는 제3자의 피드백을 받는 것이다.

비교질에는 대체로 다음과 같은 3개의 버전이 있다.

1. 라떼 버전: 대화 중 "나 때(라떼)는 말이야", "왕년에 내가 말이야" 등의 표현을 사용. 주 사용 계층은 시어머니, 직장 상사와 선배, 군 고참병 등.
2. 만큼만 버전: 대화 중 "네 형의 반만큼만" 등의 표현을 사용. 주 사용 계층은 부모, 시어머니, 상사 등.
3. 던데 버전: 대화 중 "수정이 아빠는 이런다던데" 등의 표현을 사용. 주 사용 계층은 아내, 남편 등.

그 외에도 상사가 볼 때만 열심인 척하는 '볼 때만 삽질', 처지가 어렵고 힘들다며 신세타령을 일삼거나 이렇게 된 게 다 너 때문이라는 '타령질', 술 마시고 폭언과 한 이야기를 반복하는 '주사질', '간섭, 지적, 잔소리질' 도 절대 해서는 안 될 나쁜 습관이다. 상대와의 관계를 죽이고, 결국 나를 죽이는 원천으로 작용하기 때문이다. 그 외에도 잊을 만하면 터지는 직장 내 '희롱질', 사람과 사람과의 관계를 멀어지게 만들려는 '이간질', 돈 많은 척·잘 아는 척·잘하는 척하는 '~~척질' 역시 마찬가지다.

상대가 누구든 나쁜 습관은 관계를 악화시킨다. 40대를 후회 없이 살려면 하고 싶은 일을 하면서 내 멋대로 살면 된다. 중요한 건 그렇게 살면서 주변 사람들과의 관계도 좋아야 한다는 것이다. 어떻게 하면 그런 삶을 살 수 있을까? 나에게 비수가 되어 돌아올 성격, 말투, 행동 등을 죽여야 한다. "나를 죽여야 관계가 살고, 관계가 살아야 내가 산다"는 삶의 이치를 깨닫고 실천하기 바란다.

03

'관계의 밀도가 높은 나'는
어떻게 되는가?

"인간 삶에서 가장 중요한 것은 인간관계다"라는 말에 이의를 다는 사람은 그리 많지 않을 것이다. 그렇다면 자신의 인간관계 수준을 높이려면 어떻게 해야 할까? 관계의 밀도를 측정하고, 각 관계별로 밀도를 높이기 위한 방안을 실행하면 된다.

관계의 밀도 측정하기

밀도란 '일정한 면적이나 공간 속에 포함된 물질이나 대상의 빽빽한 정도'를 말한다. 그렇다면 '관계의 밀도'란 무엇을 의미할까? '인맥의 폭과 관계 품질의 깊이 정도'를 말한다. 관계의 밀도는 0~100까지 지수로 표기할 수 있다.

그렇다면 관계의 밀도를 높이기 위해서는 어떻게 해야 할까? 가장 먼저 해야 할 일은 자가 진단을 통해 자신의 상태를 아는 것이다. 다음과 같은 질문에 해당되는 단계를 선택하면 된다.

다음은 당신의 관계의 밀도를 측정하기 위한 2개의 질문이다. 질문 1, 2에서 해당되는 곳의 (   ) 안에 체크를 해보기 바란다.

질문1(인맥의 폭 밀도) : 나는 현재 위치에서 공적, 사적 활동을 하는 데 필요한 여러 분야의 다양한 사람들과 매우 폭넓게 교류하고 있다.

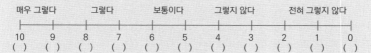

질문2(관계 품질의 밀도) : 나는 각각의 관계 유형(가령 남편, 아내, 아버지, 어머니, 형제, 자녀, 상사, 동료, 친구, 고객, 비즈니스 파트너, 커뮤니티 멤버)과 상호 존중과 사랑과 신뢰관계를 유지하고 있다.

〈 관계 유형 :   〉

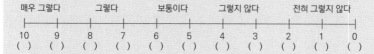

관계의 밀도 산출 방법은 다음과 같다.

관계의 밀도=(인맥의 폭 밀도X50%+관계 품질의 밀도 평균치X50%)X10

예를 들어 당신이 질문1에 7, 질문2의 평균치는 8이라고 하자. 당신의 관계의 밀도는 75가 되고, 인간관계는 '좋은 편'이다. 관계의 밀도가 90 이상인 '관계의 밀도가 높은 나'로 거듭나기를 기원한다.

중요한 건 부모, 배우자, 자녀, 상사, 친구 등 관계의 유형별로 관계 품질의 밀도가 다르다는 것이다. 그런 의미에서 관계의 유형별 관계 품질의 밀도를 자가 진단해보기 바란다. 산출 방법은 다음의 예와 같다.

예) 나와 남편의 관계 품질의 밀도=
　　(질문2로 내가 남편을 평가한 밀도X50%+질문2로 남편이 나를 평가할 것으로 예상한 밀도X50%)X10=(5X0.5+6X0.5)X10=55

〈주: 배우자, 부모, 자녀, 상사 등 1:1이나 1:2~3 유형인 관계 품질의 밀도 산출 시는 인맥의 폭 밀도를 측정하지 않는다. 또한 관계 품질의 밀도를 관계의 밀도라 표현해도 무방하다.〉

아들과의 관계 밀도, 상사와의 관계 밀도는 얼마인가? 60 이하인 사람은 많은 노력이 필요하다. 다른 관계의 유형들에 비해 한 번 나빠지면 쉽게 회복하기 어렵기 때문이다.

* 측정 결과 신뢰도 제고를 위한 Tip
자가 측정 시 개인별 성향(자신에 엄격한 사람, 후한 사람)에 따른 편차가 발생 가능함. 이 편차를 줄이기 위해 자신에 대해 알고 있는 제3자(가령 부모, 형제, 멘토, 상사, 전문가 그룹 등)에게 평가를 의뢰하는 것도 방법임.

'관계의 밀도가 높은 나'가 되는 법

관계의 밀도가 높은 나가 되기 위해 갖춰야 할 첫 번째 레시피는 자신의 '본분 먼저 다하기'이다. 여기서는 모든 관계 유형에 공통적으로 적용 가능한 '본분 다하기'에 대해 다룬다. 배우자, 자녀 등 유형별 관계의 밀도가 높은 나 되기 레시피는 다음 주제부터 다룰 것이다.

40대에 겪는 갈등과 스트레스와 상처는 주로 누구로부터 비롯될까? 빈도와 강도 면에서 보면 가까운 사람들일 것이다. 그러나 그들을 근본적인 시발점이라고 말하기는 좀 그렇다. 갈등도, 스트레스와 상처도 결국은 나 자신으로부터 비롯되기 때문이다. 내 본분을 다하지 못하고, 상대의 성격, 생각, 말투, 습관의 차이를 인정하거나 존중하지 않는 데서 비롯되기 때문이다.

여기서 본분이란 '본래의 직분에 따른 책임이나 의무'를 말한다. 40대를 후회 없이 살려면 가정, 직장, 자신이 속한 커뮤니티에서 자신의 위치에 따른 본분을 다하는 것이 매우 중요하다. 가령, 결혼해서 가정을 이룬 40대 남녀가 다할 본분은 다음의 6가지들이다. 이를 필자들은 육본六本이라고 한다.

<결혼한 40대 남성의 육본(六本)>	<결혼한 40대 여성의 육본(六本)>
1本 : 가장으로서의 본분	1本 : 주부로서의 본분
2本 : 남편으로서의 본분	2本 : 아내로서의 본분

3本 : 아빠로서의 본분	3本 : 엄마로서의 본분
4本 : 아들로서의 본분	4本 : 딸로서의 본분
5本 : 사위로서의 본분	5本 : 며느리로서의 본분
6本 : 형제로서의 본분	6本 : 형제로서의 본분

공자는 본분과 관련해 "의식주를 해결하지 못하는 사람은 예를 다하기 어렵다"고 말했다. 의식주는 가장과 주부의 본분 중 첫 번째라고 할 수 있다. 이를 해결하지 못하는 사람은 가정과 지역 사회, 일터, 각종 커뮤니티 구성원들과의 관계 밀도가 낮을 수밖에 없다. 아무리 좋은 식견이 있더라도 "제 앞가림도 못하는 주제에~"라는 평가를 받을 것이기 때문이다.

육본의 각 본분별 역할과 도리, 책임과 의무에 대해서는 별도로 언급하지 않겠다. 《삼강오륜》처럼 성문화된 게 아니어서 그 기준과 범위가 사람마다 다르기 때문이다. 그 대신 간과해서는 안 될 사실을 강조한다. 가족 구성원마다 가치관에 따라 6가지 본분별 중요도의 우선순위가 다르다는 것이다.

가족끼리 갈등을 겪고 상처를 주고받는 이유는 성격 차이나 소통 스타일 탓도 물론 있을 것이다. 하지만 근본적인 이유는 가치관의 다름에서 비롯되는 본분끼리의 충돌과 본분을 다하지 못한 결과 때문이다. 가부장적인 가치관을 가진 남편 혹은 아빠, 시어머니와 그런 가치관을 인정하지 않는 아내 혹은 며느리 간 갈등이 대표적이다.

직장이나 친구들 간 등 어떤 유형의 커뮤니티에서도 이는 마찬가지다. 무엇보다 각자 자신의 위상과 위치에 맞는 본분을 다하는 것이 먼저다. 물론, 그렇게 한다고 해서 '관계의 밀도가 높은 나 되기'가 완벽하게 이루어지는 것은 아니다. 상대의 반응이 저마다 다르고, 그에 대한 나의 대응 역시 달라지기 때문이다.

그럼에도 불구하고 '관계의 밀도가 높은 나 되기'의 첫 번째 레시피는 '본분 다하기'다. 어떤 관계에서든 관계의 밀도를 높여주는 마중물 역할을 하기 때문이다.

40대 리더는 어떻게 관계의 밀도를 높이는가

"무심코 던지는 한마디가 인생을 바꾼다"라는 말이 있다. 어떤 유형의 말들을 언제, 어떻게 표현하느냐에 따라 관계도, 인생도 달라진다는 뜻이다. 40대 리더라면 관계의 밀도를 높여주는 다음 7가지 레시피를 상대와 상황에 따라 말과 행동으로 잘 표현하는 것이 좋다.

1. 겸손   2. 긍정과 인정

3. 존중   4. 비전 제시와 동기 부여

5. 칭찬   6. 위로와 격려

7. 솔선수범

"아는 것이 힘이다"라는 말이 유행하던 때가 있었다. 그러나 지금은 하는 것이 힘이다. 그렇다면 무엇을 해야 할까? 자신의 가치를 높이기 위한 것들을 해야 한다. 그중에서 40대 리더가 꼭 해야 할 것이 있다. 관계의 밀도를 높이는 것이다. 이를 위해 가장 먼저 해야 할 2가지가 있다. 본분 다하기와 관계의 밀도를 높여주는 7가지 레시피를 실행하는 습관을 들여야 한다.

이는 일터나 다양한 커뮤니티의 40대 리더들에게만 해당되는 것이 아니다. 가정에서도 마찬가지다. 남편이든 아내든, 배우자 및 자녀와의 관계 밀도를 높여주는 7가지 레시피를 말과 행동으로 옮기고, 솔선수범해야 한다.

04

나쁜 말은 있어도, 틀린 말은 없다

마음으로 말하는 사람

말 잘하는 사람들은 많아도 잘 말하는 사람은 그리 많지 않다. 말 잘하는 사람은 청산유수처럼 어떤 상대, 어떤 주제든 유창한 말솜씨로 술술 잘 풀어간다. 그들을 '입으로 말하는 사람'이라고 한다.

잘 말하는 사람은 어떤 사람일까? 말을 유창하게 하거나 치밀한 논리로 대화를 주도하는 사람이 아니다. 자신의 경험과 지식을 밑천 삼아 말을 오래하지도, 말끝마다 "그래? 안 그래?"라는 말로 동의나 찬성을 이끌어내는 사람도 아니다. 상대방의 말에 공감하고 경청하며 일단 긍정하고 인정할 줄 아는 사람이다. 그들은 대화나 토론 시 주제와 관련 없는 인신공격을 하거나 그것도 모르냐며 깔아뭉개지도 않는다. 그들을

'마음으로 말하는 사람'이라고 한다.

문제는 말을 잘하는 사람 간에도 다툼이 일어난다는 것이다. 여기에는 2가지 이유가 있다.

첫째는 '내 말이 맞고, 네 말은 틀렸다'라는 이분법적 사고 때문이다. 물론 터무니없는 주장을 펴는 사람들도 있다. 그렇다고 해서 내 말만 옳고, 그들의 말이 모두 틀렸다고 단정지어서는 안 된다. 그들 관점에서는 모두 맞는 말이기 때문이다.

둘째, 정답과 오답을 찾아내는 객관식 시험제도의 영향 때문이다. 객관식 시험과 달리 인생에는 정답과 오답만 있는 것이 아니다. 말도 마찬가지다. 상황에 따라 오답이 정답이 될 수 있고, 그 반대인 경우도 있다.

관계를 오래 지속시키는 존중의 말

이 세상에 나쁜 말은 있어도 틀린 말은 없다. 내가 보고 느끼고 생각하는 관점이 다르고, 표현하는 말투에 차이가 있을 뿐이다. 그렇다면 어떤 말이 나쁜 말일까? 다음 6가지 유형의 말들이다.

1. 거짓말	2. 폭언
3. 무시하는 말	4. 욕설 등 모욕을 주는 말
5. 갈등과 다툼을 유도하는 말	6. 상처 주는 말

이 6가지 말의 공통점은 상대에 대해 존중하는 마음이 없다는 것이다. 그런 관계는 오래 지속되기 어렵다. 불신과 불만, 갈등과 상처, 분노를 유발하기 때문이다. 평범한 대화를 나누다가 남편이 불쑥 화를 내는 습관 때문에 이혼 직전까지 간 어느 신혼부부의 대화 내용을 한 번 보자.

> **아내:** 스마트폰 좀 그만 볼 수 없어? 벌써 3시간째잖아.
> **남편:** 아니, 내 폰을 내가 보는 게 뭐 어때서.

다음번에 아내 입에서 튀어나온 말은 무엇이었을까? 남편의 속을 뒤집어 놓는 말이었다. 그 말을 들은 남편의 그다음 말은 잔뜩 화가 난 투였다. 이와 같은 말투가 서로 반복되면서 결국 부부 싸움으로 번져 그들은 이혼 직전까지 갔다. 그러나 지금은 잘 살고 있다. 그 노하우가 뭘까? 아주 작은 습관을 바꿨기 때문이다.

아내는 남편의 말에 다음과 같이 존중하는 말투로 고쳐 보기로 했다.

> **아내:** 요즘 스마트폰에 재미있는 게 많나 보네
> **남편:** 응, 새로 나온 게임인데, 재미있네. 어? 벌써 11시네?
> **아내:** 맞아, 지금 11시 3분이야. 저녁 먹고 3시간 동안 스마트폰 게임만 했어. 그러다 건강 해치겠다. 늦었지만 30분만 산책하러 가자.

가는 말이 고와야 오는 말도 곱다는 말이 괜히 있는 게 아니다. 두 번째 대화처럼 존중하는 말투를 건네면 상대도 고운 말로 반응한다. 문제는 거짓말, 모욕적인 말이 아닌데도 갈등과 상처, 불신과 불만을 유발할수 있다는 것이다. 대화를 나누던 중 "네 말은 틀렸고, 내 말이 옳다"는 '너틀 나옳'형 말투를 구사하는 경우다.

그러나 잘 말하는 사람은 다르다. 언제나 "나쁜 말은 있어도 틀린 말은 없다"는 말투를 구사한다. 어떻게? 상대의 모든 말을 일단 긍정하고 인정해준다.

이제부터 당신도 잘 말하는 사람이 되어 보자. 나쁜 말은 입에 담지도 말고, 좋은 말을 많이 하자. 상대방의 말이 틀렸다고 우기지도 말자. 말뿐 아니라 생각이나 사람에 대한 태도도 그렇게 바꿔보자.

05

엄마의 자격

미처 몰랐네요, 아들 키우기가 이렇게 힘든 줄

부모 자식 간에도 관계의 밀도가 낮은 경우가 있다. 사춘기인 10대 중후반 자녀와 40대 부모들 사이에 특히 그렇다. 갈등의 주된 유발자는 자녀지만, 결국은 상처를 서로 주고받는다. 다음은 캐나다로 유학간 아들 딸과 함께 살면서 뒷바라지를 하고 있는 엄마 임서연(45세, 가명) 씨의 사례다.

18살 고교생인 딸은 잔소리가 필요 없을 정도로 공부나 제 할 일을 알아서 잘하는 편입니다. 딸보다 3살 어린 아들이 저에게 상처를 많이 줍니다. 아들은 친구들과 어울려 운동하고 게

임하는 걸 너무 좋아합니다. 물론, 공부만 하라는 건 아닙니다. 하지만 공부하는 시간이 너무 부족합니다. 당연히 성적도 좋지 않고요.

집에서 게임하는 시간이 길어지면 이제 그만하라고 말합니다. 이때, 아들이 꼭 말대꾸를 합니다. 되지도 않는 변명을 늘어놓으면서요. 그러면 저도 화가 나 막말을 하곤 합니다. 처음에는 제게 대들지 않았는데, 이젠 "제발 나 좀 내버려둬. 내 인생 내가 알아서 할 테니"라며 소리를 지릅니다.

화가 머리끝까지 나서 때리려고 하면 힘으로 저를 제압합니다. 이럴 때마다 '남편이 있으면 좋을 텐데'라는 생각이 들더군요. 아들과 한바탕 전쟁을 치르고 나면 방에서 혼자 술을 마시며 화를 달래곤 합니다. 아들 키우기가 이렇게 힘이 드는 줄 미처 몰랐습니다.

아들은 왜 이렇게 대드는 걸까요? 원래 성격이 그래서일까요? 제가 막말을 해서 그런 걸까요? 그도 아니면 사랑하지 않는다고 생각하기 때문일까요?

과연 누구의 잘못일까? 아들일까? 맞다. 아들이 자신의 본분인 공부를 등한시하고 있기 때문이다. 그러나 임 씨 역시 아들 못지않게 잘못이 크다. 이 내용만으로 보았을 때 엄마의 자격이 부족하다.

엄마의 자격을 채워줄 2개의 레시피

우리 사회는 엄마 자격이 없는 엄마들이 생각보다 많다. 물론, 엄마 자격이란 게 명시된 것은 아니다. 그러나 좋은 엄마가 되기 위해 최소한 갖춰야 할 엄마의 자격은 있다. 다음 2가지가 그것이다.

첫 번째, 존중 맘이다. 위 사례를 보자. 임 씨의 문제는 무엇일까? 아들을 사랑하지만 존중하는 마음이 없다는 것이다. 이런 사람들 대부분은 자녀를 '내가 낳았으니 나의 분신, 공부 잘하고 엄마 말 잘 듣는 우등생, 미래에 내가 원하는 모습이 되어 줄 나의 희망'으로 생각한다.

임 씨는 그렇지 않다고 말하겠지만, 아들은 엄마로부터 존중받지 못한다고 생각할 가능성이 크다. 엄마가 먼저 막말을 하고 소리를 지르고 때리려고까지 하기 때문이다. 자녀는 부모의 아바타가 아니다. 가장 먼저 존중해야 할 대상이다.

두 번째, '이글스 맘'이다. 모든 엄마들이 갖춰야 할 가장 중요한 덕목은 자녀가 경제적, 정서적으로 완전히 독립할 수 있도록 돕는 것이다. 필자들은 그런 철학과 행동을 하는 엄마를 '이글스 맘'이라고 부른다. '이글스 맘'이란 독수리의 교육방식에서 따온 말이다. 독수리는 새끼가 날 때가 되면 절벽 위로 데려가 밀어뜨린다. 이때, 바닥에 떨어져 죽지 않고 살아남은 강한 새끼에게만 먹이 사냥 등 살아가는 데 필요한 방법을 가르쳐 준다.

물론, '이글스 맘'이 이 시대 엄마들의 베스트 롤모델은 아니다. 인간은 절벽에서 떨어뜨려 살아남는 자식만 키울 수 없기 때문이다. 다만, 먹이를 사냥해주는 대신 사냥법을 가르쳐 준다는 점은 배울 필요가 있다. 위의 임 씨 같은 경우, '헬리콥터 맘'으로 진화할 가능성이 높다. 그녀는 자녀가 성인이 되고 결혼한 후에도 곁에서 간섭질, 지적질을 할 가능성이 높다. 그럴 경우, 아들이나 며느리와의 관계가 어떨지 한 번 생각해 보라.

'헬리콥터 맘' 대부분은 자신은 그런 사람이 아니라고 생각한다. 자신이 하는 간섭질, 지적질, 비교질 등은 잔소리가 아니라 건강한 멘트라고 여긴다. 그러나 이러한 생각은 착각이고, 반드시 후회를 부른다. "어미 곁을 떠나지 않는 새는 없다"라는 말을 가슴에 새기고 '헬리콥터 맘' 대신 '이글스 맘'으로 진화해야 할 것이다.

06

될 놈은 된다,
그냥 놔둬도

'널 믿는다'는 말의 위력

앞에서 본 임 씨 아들과 같은 자녀들은 대부분이 부모의 뜻대로 반응하지 않는 편이다. 부모의 무슨 말이든 일단 반발부터 하는 경향을 보인다. 부모의 사랑을 느끼지 못하기 때문이다. 이들은 부모에게 인정받고 존중받고 싶은데, 그렇지 않은 현실에 자꾸만 삐뚤어져 간다.

이런 자녀들에게는 어떻게 대응해야 할까? 사랑의 회초리를 들어야 할까? 소리를 질러 꾸짖어야 할까? 아니다. 이러한 대응은 단기적으로는 효과가 있을지 몰라도 큰 도움이 되지 않는다. 이런 경우에는 다음과 같은 2가지 레시피가 효과적이다.

하나는 자녀에게 '난 널 믿는다', '네 생각을 존중한다', '누가 뭐래도 난 네가 자랑스럽다', '나는 너를 사랑한다'는 말을 지속적으로 하는 게 좋다. 성聖 프란치스코의 어머니, 빌 클린턴 전 미국 대통령의 어머니처럼 말이다. 그리고 느긋하게 지켜보는 여유를 가질 필요가 있다. 될 놈은 그냥 놔둬도 스스로 제 갈 길을 찾는다. 반면, 안 될 놈은 무슨 노력을 해도 계속 엇나가는 행동만 한다. 이 말은 자녀를 방임하거나 방치하라는 게 아니다. 인정하고 존중해주면서 무한 신뢰하고, 무한 격려하라는 것이다.

다른 하나는 가부장적 꼰대형 부모에서 멘토형 부모로 거듭나는 것이다.

자녀의 인생 반전을 위한 레시피, 멘토형 부모 되기

필자들은 존중이야말로 부모가 자녀에게 줄 수 있는 두 번째 위대한 선물이며, 부모와 자녀 간 관계에서 99.9%의 비중을 차지한다고 강조한다. 앞에 나온 임 씨의 사례처럼 재능이 없거나 관심이 없는 자녀에게 "공부해라"라는 말은 모자 간 관계의 밀도를 낮추는 백해무익한 말이다.

살아가는 동안, 부모와 자식은 서로 간에 수많은 갈등과 상처를 주고받는다. 이때 존중이 없다면 어떻게 될까? 행복역이 아닌 후회역을 향해 달리는 고속 기차가 될 가능성이 크다. 그냥 놔둬도 될 놈은 분명히 된다. 명문대 졸업, 고소득 전문가 등 고스펙 소유자가 아니어도 된다.

실제로 우리 주변에는 고등학교만 졸업한 후 자신의 재능과 관심을 살려 성공한 이들이 무수히 많다.

문제는 부모가 조바심으로 인해 이를 기다려주지 않는다는 것이다. 자신의 아들딸들에게 그런 싹수가 보이지 않는 것처럼 여겨질 수도 있다. 모소 대나무는 초기에는 거의 자라지 않는 것처럼 보이다가 몇 년이 지나면 1년에 몇 미터씩 폭풍 성장을 한다고 한다. 아이들도 마찬가지다. 내적으로 성장하다가 어떤 기점을 통해 비로소 외적 성장을 이룬다. 그러니 자녀를 굳게 믿고 "난 널 믿는다"라고 말하며 기다려줄 필요가 있다.

그리고 어떤 경우에도 자녀를 질책하지 마라. 지금 자녀에게 필요한 건 성급한 사랑의 매가 아니다. "넌, 누구보다도 잘할 수 있어. 힘내!"라는 격려와 응원이다.

이제부터는 자녀 존중이란 가치로 무장한 부모로 거듭나기 바란다. 권위적이고 가부장적인 아빠도, 헬리콥터 맘도, 꼰대 엄마 아빠도 되어서는 안 된다. 40대 엄마 아빠라면 다정한 친구 같은 프렌디, 프렌맘이 되는 게 좋다. 그리고 자녀들이 성장해가면서 그들에게 꿈과 목표를 가질 수 있도록 코칭하는 부모, 자녀의 재능을 찾아내는 데 도움을 주고, 자녀가 선택한 분야에서 탁월한 존재가 될 수 있도록 도움을 주는 멘토형 부모로 진화할 필요가 있다.

07

존중 없는 사랑은
집착이다

관계가 나무라면 존중은 뿌리

부부간 존중 없는 사랑은 빛 좋은 개살구다. 부모자식 간, 미혼남녀 간의 존중 없는 사랑 또한 마찬가지다. 대규모 아파트 단지 내 상가에 있는 학원에서 수학 강사를 하던 박민지(32세, 가명) 씨와 학원장 최민호 (41세, 가명) 씨의 사례를 한 번 보자.

박 씨가 최 씨의 학원에서 수학을 가르치면서 만나게 된 두 사 람은 만난 지 6개월 만에 연인 사이가 됐다. 그렇게 1년 6개월 을 사귀다가 박 씨가 헤어지자고 말하면서 문제가 터졌다. 박 씨가 만나주지 않는 것은 물론, 카톡과 문자마저 받지 않자 최 씨의 폭언과 협박이 이어졌다.

"너, 그렇게 계속 피해 다니다 잡히면 가만 안 둔다."

"네 얼굴이 나온 동영상을 유포하겠다."

"너희 집에 쳐들어가서 부모님께 모두 다 말하겠다."

폭언과 협박만 한 게 아니었다. 폭력도 행사했다. 박 씨 집 앞에서 기다렸다가 그녀의 멱살을 잡고 뺨을 때리는 등 전치 2주의 상해도 입혔다. 결국 박 씨의 고발로 최 씨는 경찰에 입건돼 재판에 넘겨졌다.

박 씨와 최 씨의 사례는 그나마 나은 편이다. 헤어지자는 요구에 앙심을 품고 폭행, 성폭행, 납치 감금, 살인 등 해서는 안 될 행동을 하는 사람들이 심각할 정도로 많다. 본인이야 사랑하기 때문에, 없으면 못 살 것 같아서였다고 변명하지만, 구차한 핑계일 뿐이다. 상대를 존중하는 마음이 털끝만치도 없기 때문이다.

사랑보다 훨씬 긴 존중의 유효 기간

존중 없는 사랑은 집착일 뿐이다. '파탄'이라는 종착역을 향해 달려가는 기차와 다를 바 없다. 데이트 기간 중에 도착하든지, 결혼 후에 도착하든지 언젠가는 반드시 파탄이라는 종착역에 도착하게 되어 있다. 물론, 도중에 진로를 수정해 '행복'이라는 역에 도착하는 커플이나 부부들도 있기는 하다. 관계라는 나무에 존중이란 뿌리를 깊게 뻗도록 만든 이들 말이다.

그러니 후회하지 않으려면 존중 없는 사랑에 더 이상 목매지 마라. 사랑이 영원하다고 착각하지도 마라. 사랑에도 유효 기간이 있다. 눈에 긴 콩깍지는 벗겨지게 되어 있다. 안 보면 죽을 것 같아도 18개월~3년 정도 지나면 시들해진다.

그러나 존중은 다르다. 유효 기간이 없는 건 아니지만, 사랑보다는 훨씬 길다. 사랑이 3년이라면 존중은 30년, 아니 평생 간다. 왜냐고? 사랑은 감정이지만, 존중은 인성이기 때문이다. 따라서 평생 행복하게 살고 싶다면 배우자를 선택할 때 우선순위를 바꾸는 게 좋다. 사랑하는 사람보다 나를 존중하면서 사랑해주는 사람을 1순위로 정하는 게 좋다.

《갈매기의 꿈》이란 소설로 유명한 리처드 바크는 이렇게 말했다.

"만일 누군가를 사랑한다면, 그 사람을 자유롭게 놓아줘라. 그 사람이 돌아온다면, 그는 당신의 사람이다. 하지만 돌아오지 않는다면, 그는 당신의 사람이 아니다."

진정한 사랑은 상대방을 편하게 해주는 것이다. 상대방의 성격과 습관은 물론, 선택마저도 100% 존중해 주는 것이다.

사랑에 집착하면 심리적인 에너지가 많이 소모된다. 집착의 양에 비례해서 상처와 분노도 커진다. 집착이 부르는 다음과 같은 3가지 민폐 때문이다.

"과거에 집착하면 우울해지고, 미래에 집착하면 불안해진다. 현재에 집착하면? 힘들고 괴로우며 고달파진다."

이처럼 집착은 언제나, 누구에게나 도움이 되지 않는다. 그럼에도 불구하고 "정말 싸우러 간 게 아닌데, 사과하려고 간 것인데 나도 모르게 흥분해서 그만 폭력을 행사하게 됐습니다"라고 후회하는 사람들이 있다.

물론, 사랑하는 사람과 헤어지는 것은 상처가 된다. 그런데 상대방에게 아픔이란 또 하나의 상처를 남기는 것은 매우 치명적이다. 사랑은 결코 집착이 아니다. 상대방의 선택을 존중해 주는 것이다. 어느 유명 배우 커플이 이혼하면서 남긴 말이 화제가 된 적이 있다. 그들은 이렇게 말했다.

"서로 너무나 사랑하기 때문에 헤어졌습니다."

그러나 그 말은 잘못된 선택이다. 너무나 사랑하기 때문에 헤어진 게 아니다. 서로를 너무나 사랑했다면 헤어졌을 리가 없다. 사랑의 감정은 이미 시들해졌어도 상대를 존중하기 때문에 각자 가야 할 길을 가는 것을 두고서 그렇게 표현했을 뿐이다. 최고의 연기자들답게 헤어지는 순간에도 멋진 연기를 한 셈이다.

이러한 관점에서 보았을 때 사랑 중에 최고의 사랑은 짝사랑이 아닐까 싶다. 어떤 경우에도 상대에게 바라는 게 없기 때문이다. 왜 연락하지 않느냐며 상대를 구속하지도, 부담을 주지도, 상처를 주지도 않는다.

하루만 안 봐도 보고 싶어 미칠 정도로 사랑한다는 연인들을 보자. 그들의 심리 상태를 보면 상대방이 자신에게 많은 관심을 갖기를 원한다.

때로는 왜 연락을 하지 않느냐고, 왜 항상 내가 먼저 연락해야 하느냐며 티격태격 다투기도 한다. 이처럼 상대를 존중하기보다 존중 받기만 원하는 이기적인 사람들이 제법 많다. 이런 상대와는 결혼하지 않는 게 좋다. 살면서 두고두고 후회하지 않으려면 말이다.

08

시작은 스펙이지만,
그 끝은 처세다

직장인 스트레스의 99%는 관계에서 비롯된다

직장인 중 열에 일곱 여덟은 우울증을 앓는다는 조사 결과가 있었다. 그들에게 우울증을 유발한 주된 요인은 스트레스였다. 그 스트레스의 주범은 무엇이었을까? 과중한 업무였을까? 아니다. 바로 인간관계였다. 이렇게 직장인이 겪는 스트레스의 99%는 상사, 선배, 후배 직원들과의 관계 때문이었다. 주목할 만한 사실은 40대 직장인들이 겪는 극심한 스트레스의 대부분이 단지 한두 사람, 그들의 상사에게서 비롯된다는 것이다. 이 문제는 어떻게 풀어야 할까?

40대 직장인이 가져야 할 긍정의 처세술

최근 들어 다면평가제를 도입하는 직장이 늘고 있다. 이로 인해 상사 못지않게 후배 직원들의 평가와 평판도 중요해지고 있다. 그렇다면 어떻게 해야 그들에게 호의적인 평판을 이끌어낼 수 있을까? 다음과 같은 긍정의 처세술 7가지 레시피를 실천하면 된다.

1. 존중
2. 덕담과 칭찬
3. 건강한 아부
4. 위로와 격려
5. ~척 하지 않기
6. 상사의 성공을 위하여
7. 줄 잡기

존중이 왜 첫 번째 원천인지는 따로 설명하지 않아도 알 것이다. 다만, 존중해야 할 대상은 상사만이 아니라는 것을 기억해야 한다. 후배 직원, 동료, 경비원, 청소원, 그리고 모든 유형의 비즈니스 파트너들도 여기에 해당된다. 존중에 대해서는 이 장의 마지막 부분을 참조하기 바란다.

덕담과 칭찬

덕담의 원래 의미는, '새해를 맞아 서로 복을 빌고 소원이 이루어지기를 바라는 뜻으로 건네는 말'이다. 그러나 꼰대의 개념이 진화했듯이 '상대방이 잘되기를 빌어주는 말'이란 의미로 진화하여 폭넓게 사용되고 있다.

상대가 누구든 대화 시작 전에는 덕담을 건네는 게 좋다. 대화 중간중간에 상황에 따라 덕담을 건네는 것도 상대의 공감을 이끌어내는 데 효과적이다. 덕담은 유머와 감사, 칭찬과는 다른 말투지만, 그 효과는 다른 레시피들에 비해 결코 뒤떨어지지 않는다. 주목할 사실은 덕담을 건네는 당사자가 받는 사람에 비해 더 행복한 상태가 된다는 것이다.

그런데 문제는 덕담을 건네려 해도 잘 안 된다는 데 있다. 습관이 안 돼서 혹은 숫기가 없어서인 경우도 있지만, 대부분은 상황에 맞는 레퍼토리가 없기 때문이다. 따라서 대면이든, 비대면이든 그 상황에 맞는 나만의 덕담을 건네려면 멘트를 준비해 두었다가 적시에 날려야 한다.

예를 들어보자. 덕담 중에 대표 선수는 "새해 복 많이 받으세요"일 것이다. 그러나 이 덕담은 효과가 그리 크지 않다. 정성의 밀도가 낮기 때문이다. 따라서 어떤 덕담을 건네야 상대가 기분 좋을지 생각하고, 끊임없이 진화시켜야 한다. 가령, 이 덕담을 "새해에는 온 가족이 건강하시고, 모든 일이 술술 풀리는 행복한 한 해 되세요'와 같은 식으로 정성을 가미해 전달해야 한다.

건강한 아부

40대 직장인에게 필요한 처세술 중 하나가 '건강한 아부'다. 아부는 '상대의 마음에 들려고 비위를 맞추며 알랑거림'을 뜻한다. 대체로 부정적 이미지가 강하지만, "독도 잘 쓰면 약이 된다"는 말처럼 아부도 잘 쓰면 긍정적인 관계를 맺는 데 큰 도움이 된다. 이러한 아부를 필자들은 '건강한 아부'라고 칭한다.

예를 들어 보자. 다음과 같은 말투를 상황에 맞게 표현해야 한다.

"본부장님은 피부가 좋으시고, 자주 웃으셔서 정말 20년도 더 젊어 보이세요."

만약 50대 본부장이 이런 말을 들으면 어떤 반응을 보일까? '십인십색'으로 저마다 다를 것이다. 그러나 그들을 관통하는 공통점이 있다. 그 말이 사실이든 아니든 기분이 좋아질 것이다.

'건강한 아부'는 다른 사람의 좋고 훌륭한 면을 있는 그대로 높이 평가해 주는 칭찬보다 효과가 더 크다. 칭찬은 고래를 춤추게 한다지만, 아부는 임금님조차도 벌거벗게 만든다. 물론, 도가 지나친 칭찬이 오히려 역효과가 나듯, 건강하지 못한 지나친 아부는 치명적인 독으로 작용할 수 있다.

위로와 격려

20여 년 정도 직장생활을 한 40대가 되면 상대방을 위로하거나 격려

해야 하는 여러 상황과 마주치게 된다. 승진에 누락되거나 피로를 호소하는 동료나 후배들뿐만이 아니다. 상사들도 위로와 격려가 필요할 때가 있다. 직장에서는 지위가 높을수록, 가진 게 많을수록 더 외롭기 때문이다.

이때 따뜻한 위로 한마디, 힘이 될 격려 한마디는 상대의 감사와 신뢰를 이끌어 내는 마중물이 된다. 특히 상사와의 관계에서는 이것이 관계의 밀도를 높이는 디딤돌이 될 수 있다. 그럼 어떻게 해야 위로와 격려를 잘하는 사람으로 거듭날 수 있을까? 말과 얼굴 표정, 행동에 다음 3가지를 담아야 한다.

첫째, 진정성이다. 상대의 고통, 슬픔, 상처를 내 일처럼 받아들이고, 위로의 말을 건네는 게 좋다.

둘째, 공감이다. 최고의 위로는 심리적, 정서적으로 상대에게 완전히 공감하는 상태가 되는 것이다. 예를 들어 상대가 슬픔에 복받쳐 울면 같이 우는 것을 말한다.

셋째, 희망을 담은 격려다. 위로 다음에 필요한 건 격려다. 보통은 "힘내세요", "잘 이겨 내세요", "걱정 마세요, 다 잘 풀릴 거예요" 등과 같은 말을 건넨다. 그러나 이런 말들은 유효 기한이 짧게는 1분, 길어야 하루다. 그런 공허한 말보다는 어려운 상황을 이겨낼 수 있는 솔루션을 담은 메시지가 좋다.

특히 상대가 상사일 경우 유의할 것이 있다. 어설픈 위로의 말은 상사의 자존심을 건드려 역효과가 날 수 있다. 승진에서 누락된 상사에게 하는 "내년엔 틀림없을 겁니다"와 같은 말이 대표적이다. 위로의 자리를 만들고, 상사가 하는 말을 평소보다 더 긍정해 주고 맞장구 쳐주되 선을 넘지 않는 게 좋다.

~척 하지 않기

처세의 달인들이 가진 공통점 중 하나가 '~척하지' 않는다는 것이다. 그런 언행이 동료와 후배는 물론, 상사한테도 시기와 질투, 견제의 원천이 된다는 것을 잘 알기 때문이다. 하지 않는 게 좋은 '~척'에는 어떤 것들이 있을까? '잘난 척', '잘 아는 척', '똑똑한 척', '돈 많은 척', '인맥이 탄탄한 척', '열심히 일하는 척', '아무 문제없는 척' 등이 있다.

상사의 성공을 위하여 일하기

팀장이든, 본부장이든, 임원이든 모든 상사들은 성공을 꿈꾼다. 그들은 일반 직원들에 비해 성취동기가 더 강하기 때문에 성공에 대한 욕구도 더 강하다. 특히 본부장급 정도가 되면 스트레스 같은 건 전혀 받지 않을 것처럼 보이지만, 그들 역시 사람이다. 일반적인 직장인들은 그런 상사와의 관계에서 비롯된 갈등과 스트레스로 상처를 받곤 한다.

이런 상황에서 상사에게 스트레스 대신 존중을 받으려면 어떻게 해야 할까? 상사가 먼저 변해야 한다고 생각하는 사람이 대부분이다. 그러나 상사가 변하는 경우는 극히 드물다. 해결 방법은 내가 변하는 것이다. 그렇지 않으면 상사와의 관계에 대한 매듭을 풀 수가 없다.

무엇보다 상사에게 존중을 받으려면 그의 기대 이상으로 높은 성과를 낼 필요가 있다. 나아가 상사의 성공을 위해 노력하는 게 좋다. 이것이 야말로 상사가 당신을 존중하게 만드는 여러 처세술 중 가장 강력한 방법일 수 있다. 1년 후면 평범한 40대 직장인이 될 K사 이석현(가명, 39세, 남) 과장의 사례를 한 번 보자.

이 과장 역시 다른 직장인들처럼 팀장에게 종종 스트레스를 받는다. 팀장이 지시한 업무가 잘 진행되지 않을 때가 대표적이다. 별다른 진행 사항이 없어 중간보고를 하지 않으면 득달같이 팀장이 불러서 어떻게 돼 가느냐고 묻는다. 그 뒤부터는 그의 본격적인 화풀이가 시작된다.

"왜 일이 잘 진행되지 않는다고 미리 보고하지 않았어? 일찍 보고했으면 이 지경까지 오지 않았을 거 아냐. 어떻게 할 거야? 대책을 한 번 말해봐."

주로 이런 식이다.

이런 상황이 지속되다 보니 팀장과의 관계가 점점 나빠지고 있다. 이 과장은 이런 상황을 어떻게 호전시킬 것인지 생각했다. 결국 그는 2가지를 실천하기로 했다. 하나는 팀장이 100을 하라고 하면 110을 하겠다는 것, 다른 하나는 팀장의 성공을 위해 진심으로 노력해보자는 것이었다. 매일 아침 업무 시작 전에 그는 명상을 하면서 자문자답을 하겠다는 약속을 스스로에게 했다.

그로부터 6개월이 지나자 팀장의 말투가 이전보다 훨씬 부드러워졌다. 팀 회식 자리에서도 김 과장이 농담 반 진담 반으로 "팀장님! 요즘, 이 과장을 너무 편애하시는 것 아닙니까?"라고 할 정도로 관계가 좋아졌다.

무슨 일을 맡기든 기대치보다 더 높은 성과를 내면 상사는 신뢰할 수밖에 없다. 그런데 문제는 대부분이 그렇게 하지 못한다는 것이다. 과연 능력이 부족해서일까? 아니다. 상사의 기대를 뛰어넘는 성과를 내겠다는 마인드를 가진 직장인들이 그리 많지 않기 때문이다.

심지어는 상사의 화를 은근히 북돋는 직원도 있다. 능력이 충분한데도 그렇게 하지 않는 직장인들이 바로 그들이다. 그런 부하 직원을 둔 상사들은 이렇게 하소연한다.

"삼사십대 직원들 중에는 여력이 충분한데도 목표를 달성했다는 이유로 더 이상 노력하지 않는 이들이 많습니다. 그가 조금 더 해주면 우리 팀 목표가 달성되는데 말이죠. 목표에 미달한 사람보다 더 얄미울 때가 한두 번이 아닙니다."

상사들은 이런 부하 직원에게 부정의 잔고가 쌓인다. 그러다가 그 직원이 목표에 미달하면 폭발적으로 분노를 터뜨린다. 입장을 바꿔 상사

입장에서 생각해 보라. 100을 요구하면 110의 성과를 올려주는 팀원, 자신의 성공을 위해 열심히 노력해주는 팀원이 있다면 얼마나 예쁘겠는가. 이처럼 '상사의 성공을 위한 진정성 있는 노력'은 처세술의 핵심 레시피가 된다. 그리고 상사의 성공은 머지않아 나의 성공이 된다.

줄 잡기

직장에서 성공한 사람들은 다음과 같은 공통점을 가지고 있다.

> 첫 번째, 결단의 순간에 선택을 잘한다.
> 두 번째, 맡은 일마다 탁월한 성과를 낸다.
> 세 번째, 조직 내외부의 평판이 좋다.
> 네 번째, 처세술이 뛰어나다.

당신은 탁월한 성과를 내는 사람이 직장에서 성공할 확률이 가장 높다고 생각하는가? 물론, 부분적으로는 맞다. 그러나 최후의 승자는 아닌 경우가 많다. 결국에는 처세를 잘하는 사람, 즉 튼튼한 동아줄을 잡은 사람이 최후의 승자가 된다. 직장을 다녀본 사람들이라면 아마 고개를 크게 끄덕일 것이다.

"직장생활의 시작은 스펙이지만, 그 끝은 처세술이다"라는 말이나 "줄을 잘 서야 한다"는 말을 무수히 들어보았을 것이다. 그러나 정작 줄을 잘 서는 사람은 그리 많지 않다. 그 이유는 어떤 줄이 튼튼한 동아줄인지, 어떻게 해야 그 줄을 붙잡을 수 있는지 모르기 때문이다. 이 문제를 풀 열쇠는 크게 2가지다. 확률을 높이고, 열정적으로 어울리는 것이다.

가령, 당신이 신임 본부장의 신뢰를 받고자 하는 팀장이라고 가정해 보자. 신임 본부장이 인사 발령을 받은 후부터 잘 보이려 한다면 경쟁자에게 밀릴 가능성이 높다. 경쟁자 중에는 인사 발령 전부터 신임 본부장과 좋은 관계를 맺기 위해 노력한 이가 분명히 있을 것이기 때문이다.

그럼 어떻게 해야 할까? 본부장을 맡을 3~5명 정도의 가망 인력 풀을 만든 다음, 그들과 '투게더 되기'를 목표로 어울리는 것이 가장 좋다. 몇 년이나 앞서 출발한 당신을 누가 쉽게 따라잡을 수 있겠는가?

09

우정의 밀도를 높여주는
4가지 레시피

인생을 살아가면서 참된 친구만큼 좋은 관계도 없다. 하지만 그런 친구를 만들려면 우정의 밀도를 높여야 한다. 우정의 밀도란 '친구 간의 마음속에 상호 존중이라는 가치가 들어차 있는 정도'를 말한다. 우정의 밀도는 존중의 폭과 깊이에 의해 결정된다. 여기서 존중의 폭은 친구로서 존중하는 요소, 가령 생각, 말, 행동, 습관, 라이프스타일 등의 많고 적음 수준을, 존중의 깊이는 친구별로 친교의 정도가 얼마나 깊은지, 얕은지의 수준을 말한다.

친구 간에는 존중의 밀도가 높을수록 우정의 밀도도 높아진다. 그렇다면 친구 간에 우정의 밀도를 높여주는 레시피는 무엇일까? 다음 4가지다.

1. 공유되는 스토리

2. 존중의 깊이

3. 친교의 밀도, 즉 폭과 깊이

4. 무리한 도움 요청하지 않기

공유되는 스토리

지금이야 핸드폰이 있어서 문제가 되지 않지만, 1990년대까지만 해도 어느 순간 친구와 연락이 단절되는 일들이 제법 많았다. 같은 학교를 다니다가 서로 다른 상급학교에 진학할 때, 군에 입대할 때, 친구나 우리 집이 이사 갈 때 등에 자주 발생했다. 당시에는 핸드폰은 물론, 유선전화의 보급률조차 낮았기 때문이다.

그런 옛 친구를 헤어진 지 10년이나 20년만에 만나면 누구나 무척 반가워 한다. 길거리에서 우연히 만나든, 연락처를 알아내서 만나든 상관없다. 만나면 둘 사이의 옛 추억과 단절된 기간 동안의 이야기로 시간 가는 줄 모를 만큼 이야기꽃을 피우게 된다. 그렇게 그동안의 회포를 풀고 나면 연락처를 주고받으며 자주 연락하고 만나자는 다짐을 하고서 헤어지게 된다. 그리고 나면 다시 자주 만나는 관계로 복원될까?

그런 친구도 있고, 그렇지 않은 친구도 있다. 왜 그런 것일까? 공유되는 스토리의 밀도가 다르기 때문이다. 스토리의 밀도란 추억, 향수, 기호, 즐거움, 일, 보람, 꿈 등을 통해 둘 사이에 대화의 소재가 되는 것들의 많고 적음과 깊이의 수준을 말한다.

나는 술을 엄청 즐기는데 옛 친구는 술을 입에도 대지 않는다든지, 나는 등산 마니아인데 친구는 축구 광팬이라고 가정해 보자. 둘 사이에 우정의 밀도는 점차 낮아질 수밖에 없을 것이다. 나와 친구 사이에 공유되는 스토리의 밀도가 낮아질 것이기 때문이다. 따라서 누군가와 친해지거나 더 가까워지고 싶다면, 그 사람과 공유되는 스토리의 밀도를 높일 필요가 있다.

존중의 깊이

존중의 깊이란 친구 사이에 생각, 가치관, 신념, 말투, 행동, 습관, 라이프스타일 등을 얼마나 깊이 존중하느냐의 수준을 말한다. 대면으로 만나든, 카톡방이나 밴드와 같은 SNS를 통해서 만나든, 당사자 없이 제3자만 만나든 우리는 변함없이 상대방을 존중해야 한다. 특히 당사자가 없을 때 존중의 깊이를 더 깊게 표현하면 관계의 깊이를 더하는 데 좋다.

친교의 밀도, 즉 폭과 깊이

이는 친구 사이에 서로 공감하는 어울림의 빈도와 친밀함의 깊이를 말한다. 어울리는 시간이 많고 길수록, 서로 존중하는 말투로 대화의 빈

도와 시간이 길수록, 경조사의 참여 범위가 넓고 깊을수록 친교의 밀도와 우정의 밀도는 높아진다.

무리한 도움 요청하지 않기

우정의 밀도를 떨어뜨리는 대표적인 것 4가지가 있다. 첫째, 돈 빌려달라는 것. 둘째, 인사 청탁. 셋째, 이권 개입 청탁. 넷째, 부담스런 상품 구매나 가입 요청 등이다. 그것들 중에서 인사 청탁이나 이권 개입 청탁은 위법이므로 부탁해도 들어주지 않으면 그만이다.

문제는 돈을 빌려달라는 것과 상품 구매나 가입 요청이다. 누구나 돈을 빌려달라는 것에 대해 고민해 본 적이 있을 것이다. 돈 빌려달라는 것을 거절해 관계가 단절되거나 돈을 빌려줬다가 돌려받지 못한 경우도 있을 것이다. 그래서 어떤 이들은 "친구 간에는 돈을 빌리지도 빌려주지도 않는다"는 게 자신의 신념이라고 말하기도 한다.

이는 재무적 관점에서 보면 현명한 생각이지만, 관계적 관점에서 보면 숙고가 필요하다. 왜 그럴까? 다음 3개 문장을 읽고 한번 생각해 보기 바란다.

"살다 보면 누구나 돈을 빌리거나 빌려줄 상황이 올 수 있다."

"돈이든, 상품 구매 요청이든 법을 위반하거나 무리한 부탁이 아닐 경우에는 거절하지 않는 게 좋다."

"무언가를 받는 사람보다 주는 사람이 더 행복하다."

인생을 지혜롭게 사는 길

사랑의 유효 기간은 길어야 3년 정도라고 한다. 모두가 그런 것은 아니겠지만, 아무리 뜨거운 사랑도 3년 정도 지나면 대부분 식는다는 얘기다. 그러나 상대를 존중하는 마음은 유효 기간이 꽤 긴 편이다. 살아갈수록 사랑보다 우정이 더 든든하다고 말하는 것은 이 때문일 것이다.

앞에서 언급한 레시피 모두를 충족해야 좋은 친구는 아니다. 많으면 많을수록 좋겠지만 한 가지 조건만 충족해도 좋은 친구가 될 수 있다. 당신은 그런 친구가 몇이나 있는가? 당신을 참 좋은 친구라고 여기는 사람은 몇이나 되는가?

누군가와 친해지고 싶은가? 더 이상 고민하지 마라. 여기 특효약이 있다. 그 사람과 공유되는 스토리의 폭과 깊이를 더하는 것 말이다. 이 세상에서 가장 슬픈 일은 부모를 잃는 것이고, 가장 불행한 일은 믿었던 친구에게 배신이나 거절을 당하는 일이다. 그리고 가장 어리석은 일은 나를 존중하지 않는 친구에게 미련을 버리지 못하는 것이다.

그러니 이제부터는 나를 존중하지 않는 친구에게 시간과 마음을 모두 쏟고 상처받지 마라. 아등바등 매달리거나 원망하지도 마라.

그러면 궁극적으로 내 곁에 남는 사람은 누가 될까? 부모, 배우자, 형제, 자식, 진정한 친구다. 그러니 그들이 곁에 있을 때 잘하라. 완전히 존중하라. 그게 바로 인생을 지혜롭게 사는 길이다.

10

인맥의 폭과 깊이를 높이는 투게더 되기

어떻게 투게더가 될 것인가

인간관계의 밀도를 높여주는 두 축은 인맥의 폭과 깊이다. 그런데 인맥의 폭을 넓히는 최고의 레시피가 있다. 바로 '투게더Together 되기'이다. 인맥의 폭을 확장하는 데 가장 좋은 시기는 10대와 20대다. 이 시기에는 학교라는 공간에서 동창생이란 끈으로 수백에서 수천 명의 인맥을 확장시킬 수 있다. 군 입대를 하면 군대에서도 새로운 인맥이 만들어진다. 그러나 30대부터는 인맥의 폭을 넓히는 탄력성이 줄어들기 시작한다. 새롭게 관계를 맺을 인적 자원의 유입이 대폭 줄기 때문이다.

그러나 40대에도 인맥과 관계의 폭을 확장시켜야 하는 이들이 있다. 상품을 판매하는 세일즈맨이나 서비스맨을 비롯해 선출직 공직자 등이 대표적이다. 그렇다면 그들이 인맥의 폭을 확장하는 데 유용한 방법은 무엇일까? 가장 좋은 방법은 다양한 커뮤니티를 활용하는 것이다. 예를 들면, 산악회나 배드민턴 동호회, 시 낭송회 등에 가입해 사람들과 어울리면서 친분을 쌓아가는 것이다. 필자들은 그들을 함께 어울리는 사람들이라는 의미로 '투게더 Together'라 부른다.

중요한 것은 '투게더 되기'가 관계의 깊이를 더해주는 베스트 레시피가 되기도 한다는 것이다. 왜 그럴까? 함께 어울리는 수준이 취미나 여가생활을 즐기는 정도를 넘어 자아실현의 욕구를 충족하는 수준에 도달하기 때문이다.

자아실현이란 '자신의 능력과 개성을 발전시켜 완벽하게 이루는 것'을 말한다. 먹고사는 문제나 존중받고 인정받는 것과는 다른 차원의 욕구를 말한다. 그래서 심리학자인 매슬로우는 자아실현의 욕구를 인간의 최상위 욕구라고 말한 것이고, 그린이란 철학자는 인간 삶의 궁극적인 목적이라고 말한 것이다.

금실 좋은 부부가 되는 최고의 레시피

내 인맥 중 관계의 밀도를 높여야 할 0순위는 무엇보다도 배우자다. 왜 그런지 평범한 40대 맞벌이 부부인 유정석(가명, 45세), 홍지희(가명, 43세) 씨의 사례를 통해 알아보자.

두 사람은 부부 금실이 아주 좋다. 경제적으로 여유롭고 노후 준비도 잘 돼 있어서 그런 것은 아니다. 대부분의 일반 직장인들처럼 그들도 금전적으로는 빠듯하다. 이 부부가 관계가 좋은 이유는 한 가지다. 그리 넉넉지 않은 형편에도 낚시를 함께 한다는 것이다.

두 사람 모두 낚시를 좋아한다. 그저 취미생활 정도가 아니다. 좋아하는 정도를 넘어 낚시를 하면서 삶의 보람을 느낀다. 낚시터로 갈 때는 자녀들 문제를 비롯해 여러 가지 이야기를 나눈다. 낚시를 끝내고 집으로 올 때도 마찬가지다. 즐겁고 아쉬웠던 낚시 조과를 비롯해 이런 저런 얘기를 나눈다. 당연히 부부 금실이 좋을 수밖에 없다.

투게더 부부가 되려고 해도 현실적인 어려움들이 있다고 하소연하는 40대들이 많을 것이다. 실제로 자영업을 하고 있는 김영수(가명, 47세) 씨는 이런 고충을 털어놓았다.

나도 아내와 자아실현 활동을 같이 하고 싶다. 그런데 추구하는 게 서로 다르다. 나는 골프, 아내는 스포츠 댄스를 좋아한다. 아내도 골프를 치긴 하지만 그렇게 좋아하지는 않는다.

한 사람이 양보해서 같이 하면 되지 않느냐는 생각을 할 것이다. 그러나 너무 수준 차가 난다는 게 문제다. 내가 스포츠 댄스를 배워보겠다고 했더니 아내가 달가워하지 않더라. 여러 이유가 있겠지만 너무 수준 차이가 나서 그럴 것이다.

그러나 김영수 씨 부부를 자세히 들여다보면 부족한 것이 눈에 띈다. 서로를 존중해 주는 마음이 별로 없다는 것이다. 취미나 여가생활, 자아실현 활동 면에서만 본다면 남편과 마누라가 서로를 포기한 '남포마포 부부'라 할 수 있다. 김 씨 부부에게 자아실현 활동을 함께 하는 것보다 더 필요한 것은 상호 존중이다. 수준 차가 나더라도 한 사람이 양보하고 함께 하려는 그런 마음 씀씀이 말이다.

관계의 밀도를 높이는 최고의 레시피, '투게족' 되기

40대가 좋은 관계를 맺어야 할 0순위가 배우자라면 1순위는 자녀다. 자녀와 관계의 깊이를 더하는 솔루션, 즉 베스트 엄마 아빠가 되는 레시피는 단순하다. 앞부분의 '될 놈은 된다, 그냥 놔둬도'에서 언급한 내용을 창조적으로 모방하면 될 것이다. 또한 앞서 '엄마의 자격'에서 언급했던 '존중하는 엄마'나 '이글스 맘'으로 진화하면 될 것이다.

그러나 이와 함께 '투게디 Together+Daddy'와 '투게맘 Together+Mom'이 되는 것도 추천한다. 멋진 남편, 좋은 아내, 참된 친구가 되기 위한 베스트 레시피도 마찬가지다. '투게허 Together+Husband', '투게와 Together+Wife', '투게드 Together+Friend'가 돼야 한다. 존중을 넘어 존경받는 대통령 되기 베스트 레

시피 역시 마찬가지다. '투게프 Together+President'다. 모쪼록 우리 사회 전반
에 '투게족'들이 더 많아졌으면 하는 바람이다.

11

상대를 빚진 상태로 만드는
기버 되기

나눔과 주는 것을 실천하는 사람, 기버

돈이 엄청나게 많은 남자가 있다. 그는 스크루우지보다도 지독한 구두쇠다. 그의 아내와 자식, 형제, 친구, 심지어 부모마저도 그를 존중하지 않는다. 심지어 구두쇠라며 무시한다. 동화책에서나 그렇지 현실 세계는 다르다고 생각하는가? 돈이 많으면 존중받게 된다고 생각하는가? 과연 그것이 진정한 존중이라고 할 수 있을까?

그가 존중받지 못하는 이유는 나눔과 주는 것을 실천하지 않는 데 있다. 문제는 그런 구두쇠가 의외로 많다는 것이다. 1장에서 언급했듯이 40대가 하는 7대 후회 중 하나가 '좀 더 많이 주고 나누며 살 걸'이었음을 기억하라. 물론, 이 말에 이렇게 반론을 제기하는 사람들도 있을 것이다.

"뭐라도 주고 나눌 게 있어야 그렇게 살죠."

맞는 말이다. 대부분의 사람들은 '나누고 주는 삶'의 중요성을 죽기 전에야 비로소 깨닫는다. 그 이유는 다음 3가지 때문이다.

> 첫째, 모든 인간은 본래 이기적이기 때문
>
> 둘째, 탐욕
>
> 셋째, 가진 게 있어야 '나누고 주는 삶'이 가능하다는 인식

그러나 "가진 게 있어야 주든지, 나누든지 하지"라는 말은 '나누고 주는 것'의 범위를 모르는 척하는 구차한 변명일 뿐이다.

주는 것에는 크게 2가지가 있다. 하나는 돈이나 쌀, 연탄 같이 물품을 주는 물질적 도움을 말하고, 다른 하나는 어려운 문제를 해결해 주거나 따뜻한 위로와 격려를 해주는 정서적·심리적 도움을 말한다. '나누는 것'은 기쁨과 즐거움, 행복, 슬픔과 고통 등을 함께 나누는 것을 말한다. 필자들은 '주는 것과 나누는 것'을 실천하는 사람들을 '기버Giver라고 부른다.

그렇다면 왜 인생의 골든타임인 40대에 기버Giver가 돼야 할까? 3가지 이유가 있다.

첫째, 40대에 하는 7대 후회 중 가장 많은 게 '좀 더 많이 주고 나누며 살 걸'이기 때문이다. 100여 년의 인생에서 가장 역동적인 시기가 40대

다. 후회의 양과 질, 즉 후회의 밀도 역시 그만큼 높을 수밖에 없다.

둘째, 받는 사람Taker을 심리적 빚진 상태로 만들 수 있기 때문이다.

셋째, 행복에 대해 연구하는 전문가들이 공통적으로 주장하는 메시지이기 때문이다. 받는 사람보다 주는 사람이 더 행복하다는 것, 즉 타인을 즐겁고 행복하게 만들었을 때 행복감이 더 크다는 것이다.

나는 행복을 주는 사람, 행복 기버다

속초에서 해물 칼국수 식당을 운영하고 있는 정영선(가명, 57세) 씨가 그런 사람 중 하나다.

> 정 씨는 하루하루 사는 게 즐겁고 행복하다. 몸과 마음이 편안해서 그런 게 아니다. 정 씨는 하루 평균 수면 시간이 3~4시간밖에 안 된다. 새벽 4시에 식당에 도착해 밤 10시까지 장사를 하다 보니 어쩔 수가 없다. 자는 시간이 부족하다 보니 심신이 피곤할 수밖에 없다.
>
> 그러나 정 씨에게는 피로가 발붙일 틈조차 없다. 식당에 도착해 그날 장사 준비를 하다 보면 피로가 싹 사라진다. 식재료를 손질할 때마다 고객들이 맛있게 먹는 모습, 먹고 난 후의 행복한 표정들이 떠오르기 때문이다.
>
> 정 씨는 자신을 식당 주인이나 맛있는 해물 칼국수 요리사라

고 부르지 않는다. 행복을 주는 사람이라고 부른다. 그런 정 씨에게도 계속되는 고민거리가 하나 있다. '어떻게 하면 해물 칼국수를 0.1%라도 더 맛있게 만들 것이냐'는 것이다. 정 씨는 매일 이와 같은 행복한 고민에 빠져 하루하루를 보낸다.

정 씨는 다음과 같이 말을 이어갔다.

"내 나이 서른에 칼국수 식당을 운영하면서 울기도 많이 울었어요. 후회도 헤아릴 수 없이 했고요. 그러다가 40대 끝자락에 와서야 깨달았어요. 받는 것보다 주는 것이 더 행복하다는 것을요. 그때부터 주는 사람이 되기 위해 노력했죠. 주로 물질적 도움이었어요. 그런 생각이 행복을 주는 사람으로 진화했고요. 그 뒤부터는 제 사전에서 후회라는 단어를 찾기가 매우 어려워졌어요."

정 씨와 같은 사람들을 필자들은 행복을 주는 사람이란 의미로 '행복 기버 Happy Giver'라고 한다. 그녀와 같은 마인드로 임한다면 어떤 분야에서 무슨 일을 하든 후회의 총량을 대폭 줄인 채 살 수 있지 않을까? 성공과 행복이란 두 마리 토끼를 다 잡을 수 있을 테니 말이다.

12

모든 관계는
존중의 깊이만큼 자란다

관계의 깊이를 더해주는 나만의 레시피

술술 풀리는 인생을 만들려면 내 인생의 빛이 되어 줄 나만의 레시피가 있어야 한다. 그 레시피가 바로 존중이다. 존중의 중요성을 강조할 때마다 이렇게 말하는 사람들이 있다.

"잘 알았습니다. 그런데 풀리지 않는 문제가 있습니다. 저는 적어도 저와 자주 만나고 소통하는 사람들은 존중하고 있다고 자부합니다. 그런데 저는 그들로부터 그리 존중받지 못하는 것 같습니다. 그래서일까요? 관계가 인간 삶에서 가장 중요하다는 말도 솔직히 가슴에 와닿지 않습니다. 무엇이 문제일까요?"

이런 사람들은 관계의 밀도 중 깊이가 문제라고 할 수 있다. 그래서 필자들은 "나무는 뿌리의 깊이만큼 자라고, 관계는 존중의 깊이만큼 자란다"고 강조한다. 인간관계가 어렵고 힘들다고 하소연하는 사람들이 새겨들어야 할 메시지다. 그들의 문제는 어떤 사람과의 관계에서든 그 깊이가 얕다는 것이다. 이를 위해 존중의 깊이가 무엇을 의미하는지 알아보자.

존중의 사전적 의미는 '높이어 귀중하게 대함'이다. 그렇다면 무엇을 높이어 귀중하게 대해야 할까? 상대의 생각, 가치관, 말, 행동, 습관, 성격, 취향, 꿈, 라이프스타일, 커뮤니케이션 스타일 등이다. 존중의 깊이란 이러한 원천들을 전폭적으로 존중한다든지, 존중하는 편, 존중하지 않는다 등과 같은 밀도_{또는 강도}를 말한다. 다음 3가지를 실천하면 존중의 깊이를 더할 수 있다.

1. 나부터 존중하기
2. 본분 다하기
3. '너옳 나옳'식 생각과 말투

나부터 존중해야 남을 존중할 수 있다

자존감이 낮은 사람들이 의외로 많다. 무엇이 그런 결과를 만든 것일까? 물론, 타고난 인성 탓도 있을 것이다. 하지만 그보다는 자신부터 존중해야 한다는 사실을 깨닫지 못한 채 살아온 탓이 더 크다. 다른 사람을 배려하고 존중하라고만 배웠지, 나부터 존중해야 한다고 배우지 못했다는 것이 문제인 셈이다.

자신을 존중하지 않는 사람을 누가 존중하겠는가. 나부터 사랑해야 남을 사랑할 수 있듯이, 나부터 존중해야 남을 존중할 수가 있다. 이것은 말은 쉬운데 실천은 잘 안 된다는 것이 문제다.

시간은 기다리는 자의 편이다

당신은 이 세상 약 80억 명 중에서 단 하나뿐인 소중한 존재다. 그러니 자긍심을 가지고 스스로를 존중하라. 당신은 로또 당첨 확률보다 더 희박한 확률로 당첨되어 이 세상에 태어났다. 그것만으로도 당신은 스스로를 존중할 만한 충분한 이유가 있다. 그러니 고개를 들고 가슴에 손을 얹고서 이렇게 말해보라. "○○야, 많이 힘드니? 곧 좋아질 거야. 힘내! 관계 따위는 걱정하지 마. 내가 먼저 그들의 생각, 가치관 등을 존중해주면 돼"라고 말이다.

그렇게 하는데도 나의 말과 행동을 전혀 존중해주지 않는 사람들이 있다고 상처받지 마라. 그 상대가 누구든 '세상에는 이런 사람도 있구나!'라고 마음 편히 생각하라. 그래도 쉽지 않다면 2가지 대안 중 하나를 선택하면 된다. 하나는 관계의 끈을 내려놓거나 잘라버리는 것이고, 다른 하나는 선을 긋는 것이다. 상대가 부모, 배우자, 형제, 상사라면 전자의 방법을 실행하기는 어렵다. 그런 경우 일정한 거리를 두고, 선을 넘더라도 상처받지 않겠다고 다짐하면 된다. 그런 다음, 기다려라. 사랑처럼 관계에도 유효 기간이 있다. 시간은 언제나 기다리는 자의 편임을 기억하라.

사람들은 새해가 되면 많은 다짐을 한다. 평생 동안 하고 싶은 버킷리스트를 만들기도 한다. 그 다짐과 리스트에 다음 한 가지를 추가해 보라. 올해는 나와 가까운 사람들과 관계의 깊이, 존중의 깊이를 더하겠다고. 상대가 누구든 그의 생각, 말투, 습관, 행동, 라이프스타일 등을 존중하겠다고. 내 허물은 안고, 그의 허물은 지고 다니겠다고.

'본분 다하기'와 '너옳 나옳식 생각과 말투'는 앞에서 이미 다루었기에 여기서는 따로 설명하지 않겠다.

마흔으로 돌아간다면, 40대를 미리 살아본다면

대부분의 사람들은 시간이 지나고 나서야 깨닫는다. 그리고 후회한다. '그때 왜 그런 ○○을 했을까?' 하고 말이다. 물론, 후회할 일만 있었던 것은 아니다. 기쁘고 즐거웠던 일, 가슴이 뛸 정도로 뿌듯했던 일, 행복했던 추억들도 많았을 것이다. 그래도 아쉽고 후회스런 일들이 더 크게 느껴진다. 놓친 물고기가 언제나 큰 놈인 것처럼.

원래 인간의 본성 자체가 그렇다. 어제보다, 남들보다 더 잘하고 싶은 욕구가 있다. 만약 인간에게 그런 욕구가 없었다면 여전히 진화를 못하고 고릴라나 침팬지처럼 생활했을 것이다.

오륙십대가 되어 마흔으로 돌아간다면 어떻게 될지 한 번 가정해 보라. 이전의 40대 때보다 더 잘할 수 있을까? 대부분은 '훨씬 더 잘할 수 있다'나 '더 잘할 수 있다'고 말할 것이다. 그러나 필자들의 생각은 다르다. 비슷하거나 크게 달라지지 않는 사람들이 더 많을 것으로 생각한다.

왜 그럴까? 다음과 같은 3가지 이유 때문이다.

1. 그래도 목표와 방향성을 제대로 잡지 못한다
2. 알면서도 여전히 실행하지 않는다
3. 알고 실행하는데도 잘 안 된다

첫 번째보다는 두 번째, 두 번째보다는 세 번째 이유에 해당되는 사람들이 더 많을 것이다. 결국 선택과 탁월, 관계라는 레시피를 업그레이드하지 않으면 40대 10년을 아무리 다시 살아도 후회하며 살아갈 수밖에 없다.

40대를 이미 살아본 인생 선배로서, 필자들은 이 책에 그 3가지 이유를 해결할 수 있는 인생 반전 레시피들을 담고자 노력했다. 인생은 후회의 연속이라는 말도 있지만, 그런 후회를 줄이는 것이야말로 성공과 행복으로 가는 열쇠가 된다.

열심히 산다고 해서 반드시 성공과 행복으로 가는 것은 아니다. 잘못된 길을 선택하면 아무리 열심히 산다 해도 나락을 향해 갈 수밖에 없다. 인생을 좀 더 살아본 입장에서 열심히 하는 것도 중요하지만, 지혜롭게 사는 것이 무엇보다 중요하다는 것을 깨달았다. 특히 인생의 골든타임인 40대의 깨달음은 억만금을 주고도 살 수 없을 만큼 가치가 있다.

당신은 그 가치가 담긴 인생 레시피들을 이 책에서 만날 수 있을 것이다. 모쪼록 이 책이 당신의 40대 10년을 단단하고 기름진 땅으로 일구는 데 등대와 디딤돌로 작용했으면 한다.